8° F
9637

DES
SECOURS A DOMICILE

EN DROIT FRANÇAIS

PAR

Louis CORNEILLE

Docteur en droit,
Avocat à la Cour d'Appel de Paris
Diplômé de l'Ecole des Sciences politiques

PARIS

A. PEDONE, ÉDITEUR

LIBRAIRIE DE LA COUR D'APPEL ET DE L'ORDRE DES AVOCATS
13, rue Soufflot, 13

—

1895

DES
SECOURS A DOMIC

DES
SECOURS A DOMICILE

EN DROIT FRANÇAIS

PAR

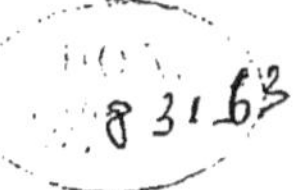

Louis CORNEILLE

Docteur en droit,
Avocat à la Cour d'Appel de Paris
Diplômé de l'Ecole des Sciences politiques

PARIS

A. PEDONE, ÉDITEUR

LIBRAIRIE DE LA COUR D'APPEL ET DE L'ORDRE DES AVOCATS
13, rue Soufflot, 13

1895

BIBLIOTHÈQUE NATIONALE IMPRIMÉS

INTRODUCTION

L'histoire nous démontre qu'on trouvait chez les peuples anciens, chez les Grecs, dans la Rome antique, un régime plus ou moins parfait, plus ou moins coordonné d'assistance publique. De cette constatation de fait une conséquence de droit résulte : c'est que, dans notre civilisation moderne, où la lutte pour la vie s'aggrave avec le progrès, un organisme semblable *a fortiori* doit exister fortement constitué, minutieusement réglé. Au mal inévitable il faut opposer le remède nécessaire ; aux vaincus de la concurrence, distribuer les secours de la société. Cependant d'aucuns ont nié l'utilité de l'assistance, et l'on a soutenu, que la charité privée suffisait à elle seule, qu'il était superflu de la doubler d'une bienfaisance légale. Certes, je ne prétends pas discuter la charité. Loin de moi la pensée d'en contester les nobles aspirations et les sublimes bienfaits, et je proclame hautement la beauté de l'effort, comme la grandeur du résultat. Mais l'individualisme, ici comme ailleurs, a bien ses défauts : « La charité privée est nécessairement limitée dans ses ressources. Elle est sujette à s'égarer. Elle admet trop comme principe la bienfaisance pour elle-même, sans tenir compte de ses conséquences sociales(1). » Tandis que théoriquement l'assistance ob-

1. *Grande Encyclopédie,* V° *Bienfaisance.*

tiendra facilement les recettes indispensables, notamment au moyen de l'impôt, distribuera entre les intéressés les secours nécessaires, n'en oubliera aucun, ne comblera personne. La faveur en sera exclue, le droit et la justice présideront seuls à la répartition. Enfin, n'y a-t-il pas une part de vrai dans le mot de Victor Hugo, suivant lequel il faut substituer à l'aumône qui dégrade l'assistance qui fortifie ? Tel est le tableau idéal de la bienfaisance publique ; si parfois la réalité ne répond point à la conception, c'est une preuve, non pas que le principe est faux, mais que l'organisme est défectueux et qu'il faut chercher à le perfectionner.

Et c'est vers ce noble but que se sont tournées les préoccupations des pouvoirs publics et des penseurs, qui cherchent toujours le bonheur du peuple, et n'ont, ajoutent les sceptiques, jamais trouvé que le leur. De là l'éclosion de ces propositions parlementaires, de ces projets gouvernementaux, de ces travaux instructifs, de ces nombreux volumes consacrés au paupérisme et aux moyens d'y apporter remède. Fouiller ces documents, les analyser, les dépouiller serait une tâche au-dessus de nos forces, nous n'étudierons qu'un des aspects de cette immense question : nous nous contenterons d'examiner la législation des secours à domicile, en insistant quelque peu sur les réformes les plus graves, les plus nécessaires à introduire, et notre travail se divisera en trois parties :

I. Notions générales et historiques.
II. Des secours aux indigents en général.
III. Des secours médicaux en particulier.

PREMIÈRE PARTIE

NOTIONS GÉNÉRALES ET HISTORIQUES

TITRE PREMIER

NOTIONS GÉNÉRALES

1° L'assistance doit-elle être obligatoire

Il doit y avoir une assistance publique, c'est dès lors un point établi ; mais quel sera le caractère de cette assistance ? C'est une question depuis longtemps et souvent discutée. La société qui distribue des secours remplit-elle un devoir moral, ou une obligation stricte à la façon de celles que contractent les particuliers ? Et si l'on admet le dernier principe, envers quels individus l'être collectif doit-il la remplir ?

Le 19 juillet 1889, le congrès international, où vingt nations étaient représentées, adoptait la résolution suivante : L'assistance publique doit être rendue obligatoire par la loi en faveur des indigents qui se trouvent ou définitivement dans l'impossibilité physique de pourvoir aux nécessités de l'existence. C'est une disposition excellente, dont nous n'aurons garde de nous écarter.

Théoriquement la société a le devoir de protéger les faibles ; une indiscutable logique le lui impose. Elle doit assister au nom du principe de solidarité, qui est la base même de son existence. A la collectivité l'individu abandonna sa liberté, que lui demande-t-il en échange, le droit de vivre ; ses prétentions sont-elles exorbitantes ? La société a le droit de punir, pourquoi n'aurait-elle pas le devoir de protéger ? Les deux idées s'appellent l'une l'autre, et si naturellement, que dans la constitution de la famille, d'après notre droit civil, la femme, qui doit obéissance à son mari, doit être protégée par le chef du ménage. Jadis le suzerain assistait son vassal. Ne sont-ce pas des droits de cette sorte qu'exerce l'être collectif envers l'individu ? Dès lors il doit avoir les mêmes devoirs.

Si ce n'est pas par sentiment du devoir, que ce soit au moins par égoïsme. Si le résultat est salutaire qu'importe l'intention qui l'a inspiré ? Assister c'est faire œuvre de bonne gestion. Sans risquer une tirade sur la faim, qui justifie toutes les révoltes, n'est-il pas évident que, pour une nation, la vie, la santé d'un de ses enfants est un capital précieux, et qu'on ne saurait considérer comme stérile une dépense qui conserve au pays un producteur, à une famille un soutien naturel (V. Rapport du docteur Dreyfus-Brisac au Conseil supérieur de l'assistance).

Enfin, point plus spécial, dans un pays comme le

nôtre, où l'instruction primaire a été rendue obligatoire, par la loi comment ne pas organiser une assistance fondée sur le même principe !

Vous voulez forcer les indigents à recevoir la nourriture morale, quand ils ne sont pas certains d'avoir un jour ou l'autre le pain qui les fera vivre. La conclusion s'impose : quand l'enseignement n'a plus rien de facultatif, les services d'assistance ne doivent pas l'être davantage, sous peine d'entretenir dans la législation une contradiction bien étrange et qui serait dans l'avenir fort sévèrement jugée.

Comprenant la force de ces arguments, une tendance nouvelle s'est manifestée parmi les économistes, pour qui la société devrait assister « par vertu », suivant le mot de Thiers : celle d'imposer à la collectivité le devoir de secourir, mais sans reconnaître à l'individu le droit de le réclamer. Sans parler du caractère illogique de cette solution (qu'est-ce qu'un devoir qui ne correspond pas à un droit, qu'est-ce qu'un débiteur sans créancier, chacun de nos devoirs sociaux a pour corrélatif un droit social, qui n'est, à bien dire, que sa contre-partie, Villerme, *Journal des Economistes,* t. 22, p. 154), il paraît facile de répondre aux arguments invoqués. Je ne donne pas de droit à l'indigent, dit M. Hauriou, d'abord parce que la preuve de la misère est difficile à faire. Etant donné que l'assistance est communale, est-ce bien exact ? Je ne le lui donne pas, ensuite, ajoute le même auteur, parce que le secours n'est qu'un pis aller. Sans doute, et l'on est ici d'accord, il faut, à tous points de vue, et même par des retenues forcées sur le salaire, développer la prévoyance, encourager l'épargne. Mais en résulte-t-il que ceux qui ne profiteront pas des caisses de retraites, des institutions analogues, inspirées des mêmes pensées, ne doivent pas être admis aux secours ? Qu'on cherche à restreindre l'indigence, c'est fort juste, mais on ne pourra faire que, par la force des circonstances et du hasard, il n'existe plus d'individus ayant besoin de la bienfaisance publique, et dès lors, pour ceux-là, l'argument ne porte pas.

On insiste et l'on nous dit : mais si vous constituez le droit à l'assistance, vous supprimez la prévoyance que vous cherchez à développer ; vous supprimez l'activité en même temps que l'économie, et l'on rappelle le mot de l'ouvrier anglais : Nargue les soucis, la paroisse est une bonne mère, elle nous nourrira bien. Il est bien facile de répondre que l'assistance n'ira que jusqu'au strict nécessaire et qu'il n'est pas dans la nature humaine, dans notre siècle surtout où règne l'amour du luxe, de s'en contenter quand on peut mieux obtenir.

Enfin les raisons pratiques et l'exemple malheureux de l'Angleterre, dont le système type d'assistance légale fait l'objet de critiques que nous reconnaissons en partie justifiées, forment les arguments décisifs des adversaires du droit à l'assistance. Nous les réfuterons pour partie en traitant la question de savoir dans quelle mesure l'assistance sera obligatoire. Mais, pour la clarté du sujet, il nous paraît dès lors utile d'exposer brièvement la législation anglaise tant attaquée.

Dès 1601, un acte célèbre ordonnait aux propriétaires et tenanciers de fournir des moyens d'existence aux per-

sonnes hors d'état de se suffire à elles-mêmes. Des overseers élus par les contribuables se concertaient avec les
marguilliers (churchwardens) pour lever les taxes nécessaires et distribuer les secours. Au début, on ne for-
çait pas au travail. Il y eut des abus et on organisa des
poorhouses, où l'on faisait travailler les indigents et où
ils étaient internés. Tout indigent pouvait réclamer son
admission, et, repoussé par l'overseer, en appeler au
juge de paix, magistrat du comté. De plus, un acte de
1723 autorisa plusieurs paroisses à s'unir pour créer en
commun ces établissements. Les secours à domicile
d'abord disparurent, puis peu à peu furent établis
comme allocation temporaire.

Telle était la situation, quand fut voté l'acte de 1834,
qui forme encore la base du régime actuel.

L'indigent a toujours droit à l'assistance ; il a contre
la société une créance légale, dont il peut réclamer l'exécution devant la justice, mais aucun secours n'est donné
à l'indigent qui refuserait d'entrer au workhouse : au
droit à l'assistance correspond en principe, et c'est la logique même, le devoir de travailler. Toutefois, des
secours à domicile (outdoor relief) sont souvent, en
pratique, accordés. En outre, les secours sont consi-
dérés comme des avances et les juges de paix peuvent faire opérer des retenues sur les salaires des ouvriers revenus à une situation meilleure, et jadis assistés.

Le mécanisme du service est basé sur une administration centrale siégeant à Londres, sur une circonscription nouvelle, l'union de paroisses, administrée par un

board of guardians qui se réunit au workhouse, et l'administre, sur un corps d'overseers et de percepteurs d'impôts, chargés dans chaque paroisse d'être les auxiliaires des tuteurs des pauvres.

Le comité de Londres, qui réunit les plus grands personnages du Royaume, est chargé de l'organisation générale du service, dont il a la tutelle générale, détermine le nombre de tuteurs que chaque paroisse doit envoyer au conseil de l'union, révoque les fonctionnaires de cette union et nomme les auditeurs chargés de vérifier ses comptes. En un mot, le comité a la haute direction et la surveillance du service.

Quant au comité des tuteurs, composé de propriétaires nommés à l'élection par ceux qui paient la taxe des pauvres, il admet aux secours publics, ses décisions pouvant, en cas de réclamation, être soumises aux juges de paix du comté ; il nomme un certain nombre de fonctionnaires ou d'employés de l'union, fait les actes de la vie civile de cette union, érigée en personne morale, administre le workhouse et distribue l'outdoor relief, secours de l'extérieur, correspondant à notre secours à domicile, car il n'a pas été possible d'appliquer à la lettre le principe de l'internement de tous les assistés dans la maison de travail. Enfin, dans quelques localités sont installés des écoles et asiles ; un comité de district les administre, dont les pouvoirs correspondent à ceux du comité des tuteurs des pauvres.

Telle est l'organisation générale de l'assistance en Angleterre ; on voit qu'il repose sur l'institution des workhouses, établissements complexes où l'on trouve des vieillards, des invalides, des apprentis et des travailleurs à côté des aliénés et des prostituées. C'est un « cloître ou une prison », suivant l'expression d'un auteur, et l'on comprend fort bien l'horreur qu'inspire l'institution aux économistes comme aux honnêtes gens. Cependant la maison de travail, c'est la conséquence nécessaire de la charité légale. Car, suivant l'expression de la Rochefoucauld, « si celui qui existe a le droit de dire à la société : Faites-moi vivre, la société a également le droit de lui répondre : Donne-moi ton travail.» Les partisans du droit à l'assistance pour tous vont même plus loin encore, et ils sont logiques. M. Benoît Malon (*Revue socialiste*, 1891) s'exprime ainsi : « L'Assemblée Constituante de 1848, dans la Constitution éphémère qu'elle vota, raya le droit au travail, en maintenant le droit à l'assistance. Illusion suprême, l'un ne va pas sans l'autre, et fort sagement les auteurs de la Déclaration des Droits de l'homme les avaient mis sur la même ligne. » Si telle est la conséquence du principe, il faut bien avouer que nous nous heurtons à un obstacle infranchissable dès lors, il nous paraît impossible d'admettre ; pour les individus valides, la faculté de réclamer les secours de la société. Car proclamer un droit au travail, c'est forcément aboutir à l'organisation du travail par l'Etat, à l'atelier national avec ses effets déplorables, à la suppression de l'activité individuelle avec celle de la liberté. L'expérience malheureuse de 1848 suffirait à nous en détourner, si le raisonnement ne nous montrait les défauts du système.

Au contraire, pour le vieillard, l'infirme, l'enfant, l'objection pratique tombe d'elle-même, puisque la faculté de réclamer l'assistance n'entraîne plus ici sa contre-partie. Et puisque, d'autre part, les objections théoriques peuvent s'éluder, nous nous demandons pour quelle raison on ne veut point leur reconnaître le droit au secours, et nous ne pouvons nous ranger à l'avis du gouvernement qui, dans son projet de loi sur l'assistance médicale, s'exprimait ainsi : « Il n'y a pas, dans l'affirmation du devoir social, au regard du malade privé de ressources, la reconnaissance pour l'individu secouru du droit à l'assistance. Même restreinte à l'assistance médicale, la proclamation du droit à l'assistance se heurterait à bien des critiques et serait de nature à engager gravement la responsabilité pécuniaire et morale de la société. »

D'ailleurs, pour cette question de principes, n'a-t-on pas joué sur les détails dans la loi nouvelle ? Ce texte donne en effet à l'indigent non admis au secours par le bureau d'assistance de sa commune le droit de réclamer devant une commission cantonale. De là à proclamer franchement le droit au secours y a-t-il bien loin ? Je ne le crois pas. Affirmer cette idée, c'est simplement permettre à celui qui se prétend sans ressources de demander à un tribunal d'exercer sa créance contre la société. Que la commission juge au lieu de statuer, qu'elle soit obligée de motiver ses décisions, au lieu de répondre par une admission ou un simple refus, le résultat pour la société sera bien identique, et la tendance actuelle paraît amener d'elle-même la solution que nous cherchons.

Et, puisque nos adversaires ont invoqué des raisons

pratiques, nous terminerons par un argument de même sorte, avec M. Edmond Robert, nous dirons qu'une des principales causes du dépeuplement des campagnes, c'est l'absence, pour le paysan devenu vieux, infirme ou chargé de famille, d'une organisation générale de secours publics, c'est l'inégalité de traitement dans nos diverses communes, les grandes villes possédant des institutions fort complètes, les villages se trouvant le plus souvent dépourvus de tout établissement d'assistance publique.

Pour conclure, nous reconnaîtrons un droit au secours à l'indigent malade, qui ne saurait gagner sa vie et celle des siens ; à l'enfant, qui ne peut travailler et qui, suivant l'expression de la Rochefoucauld, promet du travail, au vieillard que l'âge et les infirmités mettent hors d'état d'assurer son existence. Si une société civilisée devait laisser mourir de faim ses enfants et ses vieillards, il vaudrait autant qu'elle retournât à l'état sauvage, où on les égorge, ce qui est moins cruel, a dit un économiste, et, à défaut de ressources provenant de la prévoyance, le droit au secours doit rester le moyen subsidiaire, mais indispensable. Et, « comme l'assistance obligatoire, c'est l'assistance non seulement érigée en service public, mais alimentée par des taxes ou contributions régulières », (1) la conclusion pratique de ce débat, c'est que pour les vieillards, les malades, les infirmes et les enfants, partout sera établie sur leurs concitoyens une « taxe des pauvres » dont le but sera de sub-

1. Cauwès, *Economie politique*, III, 625.

venir à leur existence. Quelle sera la circonscription chargée de la distribution et de la dépense ? C'est ce que maintenant nous allons examiner.

2º Quelle est la circonscription chargée de donner l'assistance

La commune semble désignée pour pouvoir, mieux que toute autre, apprécier les besoins de l'individu. La circonscription est petite, ses autorités connaissent ou peuvent connaître tous leurs administrés et le système d'assistance communale nous paraît propre à réprimer les abus et à ne pas laisser secourir de faux indigents à la place de vrais miséreux. Mais aussitôt on nous oppose une objection : Tout le monde reconnaît parfaitement qu'au fond et en théorie l'assistance est d'essence communale, on se heurte toutefois à un obstacle pratique de la plus haute portée. Vous avez de grandes et de petites communes, des villes abritant des milliers d'habitants et des villages dont la population atteint à peine la centaine. Si vous faites peser sur ces malheureuses bourgades un devoir d'assistance, avec quelles ressources vont-elles y faire face ! Vous les ruinez du coup ; leur maigre budget, leurs finances insuffisantes, seront vite absorbés.

Aussi les uns préconisent-ils de nationaliser l'assistance. L'idée n'est pas nouvelle, mais l'expérience malheureuse de la Révolution devrait les détourner de cette pensée. Il nous paraît utile, empiétant sur notre historique, d'exposer ici brièvement les principes émis il y a un siècle, et d'insister quelque peu sur les règles posées. Parmi les dispositions fondamentales garanties par la Constitution votée le 3 septembre 1791, figure l'article suivant : « il sera créé un établissement *général* de secours publics pour élever les enfants abandonnés, soulager les pauvres infirmes et fournir du travail aux pauvres valides qui n'auraient pu s'en procurer. » Il s'inspire des principes de la Rochefoucauld, rapporteur du comité de mendicité ; celui-ci, après s'être demandé si chaque municipalité serait tenue de nourrir ses pauvres, se répondait à lui-même que sans doute l'idée était séduisante par sa simplicité, mais qu'elle amenait l'inégalité, puisque les municipalités qui comptent le plus de pauvres sont aussi celles qui ont le moins de ressources. Cette dernière pensée était juste ; nous verrons tout à l'heure qu'on peut victorieusement l'appliquer, sans recourir à la mauvaise mesure de la nationalisation de l'assistance. Car cette nationalisation prête à une objection, qui me paraît irréfragable. Les municipalités, dépensant un argent qui ne sort pas de leur bourse, seront forcément portées à exagérer les besoins et dissiperont les fonds de l'État. Malgré cette objection, le système préconisé par la Rochefoucauld fut celui de l'époque révolutionnaire et la conséquence qui en résulta, ce fut une mesure désastreuse, la vente des biens des hospices et des établissements de bienfaisance, d'un patrimoine qu'on eut tant de mal à reconstituer, quand la faillite du Trésor amena celle de l'assistance nationale, et le retour à des principes plus sains, aux principes de la loi réparatrice de l'an V. L'Assemblée Constituante n'avait pas eu le temps de discuter les projets qui lui étaient présentés, elle ne fit que voter l'article fondamental de la Constitution que nous citions tout à l'heure. Mais la Convention, par le décret du 19 mars 1793, détermina la nouvelle organisation des secours publics. Les fonds de secours devaient désormais chaque année être votés par la Législative, répartis entre les départements, les districts et les cantons, et la loi de Vendémiaire an II compléta la réforme, en instituant le livre de la Bienfaisance Nationale sur le rapport de Barrère. Ce texte, d'ailleurs, ne reçut pas d'exécution et bientôt l'assistance redevenait locale, pour conserver jusqu'à présent ce caractère.

Instruits par l'expérience malheureuse de la Convention, de bons esprits ont pensé que, pour remédier aux insuffisances financières des communes, il fallait organiser le canton, en supprimant l'arrondissement. Dans la main d'un conseil cantonal seraient organisés certains services, aujourd'hui communaux, et particulièrement celui des secours à domicile. Le législateur français a bien essayé de remédier à la faiblesse des communes, en leur donnant, dans une loi récente, la faculté de se former en syndicats. Mais la loi de 1890 n'a pas eu grands résultats. C'est qu'elle se heurte à une habitude, celle d'une complète uniformité dans l'organisation administrative. Et d'ailleurs, à notre point de vue spécial, la formation d'un syndicat de communes aurait-elle grand résultat? Je ne le pense pas; car n'entreront évidemment dans ce syndicat que des communes pauvres, les villes riches se suffisant à elles-mêmes; or des pauvretés additionnées ne formeront jamais une opulence, même une aisance, des insuffisances ajoutées l'une à l'autre ne donneront jamais une plus-value. Tandis que dans un canton il y aura souvent une municipalité possédant un budget de recettes important, et cette municipalité pourrait venir au secours de ses voisines. Je ne cache pas mes préférences pour une organisation cantonale, qui aurait l'avantage, en supprimant un rouage inutile, l'arrondissement, de créer un organisme pouvant rendre de grands services, une circonscription dont tous les habitants se connaîtraient, auraient des intérêts communs, et qui par là même pourrait être florissante. J'ajoute qu'on peut répondre victorieusement à l'objection des adversaires prétendant qu'on fonde un quatrième budget, qui s'ajoute aux trois premiers existants. Comme l'a fait remarquer M. Goblet dans son projet de 1883, sur les conseils cantonaux, les dépenses, auxquelles pourvoiront les budgets nouvellement créés, seront généralement acquittées à la décharge des budgets communaux et départementaux.

C'est cette idée d'organisation cantonale, qui inspirait M. Dufaure, dans son projet présenté le 27 novembre 1848 (*Moniteur* du 2 décembre 1848). Son exposé des motifs s'exprime ainsi : « Proclamons-le donc, en ce qui touche à l'assistance publique, les deux éléments d'une bonne solution consistent dans l'impulsion éclairée qui doit venir d'en haut, dans la surveillance incessante qui doit être placée le plus près possible des moyens d'action. La création des comités cantonaux, nous paraît heureusement se prêter à cette double combinaison. » Et dans l'article 9 de son projet nous lisons : Il sera créé dans chaque canton un comité chargé, sous l'autorité du préfet, et la surveillance du Conseil général, de l'organisation, de la direction et de la surveillance de l'Assistance publique. L'article 10 est ainsi conçu : Les attributions de ce comité sont de faire la répartition des fonds mis à sa disposition par l'État, le département, les communes et les particuliers, de provoquer l'organisation de comités de secours pour les communes où le besoin s'en ferait sentir, et la création des établissements et institutions qui ont pour objet l'assistance publique, de surveiller l'administration des comités de secours et de ces établissements, de donner son avis sur les budgets et comptes, de donner son avis sur l'acception des dons et legs faits aux divers établissements placés sous sa surveillance, etc. On le voit, ces conseils cantonaux auraient eu des pouvoirs assez étendus et principalement ils auraient centralisé les fonds pour les répartir entre les indigents des diverses communes.

Comme le projet spécial de M. Dufaure, tous les projets généraux présentés sur une organisation cantonale à faire auraient eu le même résultat. Nous ne pouvons entrer dans le détail de ces projets; nous avons voulu seulement signaler le remède qu'ils apporteraient au mal résultant d'un état de choses malheureux.

Que si l'on recule devant une réforme aussi radicale, un des meilleurs projets, à notre avis, serait la formation d'un fonds commun, permettant, suivant la résolution du Congrès, aux communes et paroisses les plus riches de venir en aide aux communes et aux paroisses les plus pauvres. Dans un article de M. Clémenceau, *Le Milliard des indigents*, article reproduit à la page 70 de son livre : *La Mêlée sociale*, nous trouvons à ce sujet des détails fort intéressants, et fort instructifs, et il s'en dégage cette morale que certains bureaux de bienfaisance font des économies, tandis que des communes sont absolument dépourvues de toute institution de secours publics (près de 16,000 sur 36,000) et que d'autres ont des ressources si faibles que leurs bureaux de bienfaisance n'existent, pour ainsi dire, que nominalement. D'après M. Clémenceau, les établissements de bienfaisance ont vu leur fortune s'accroître en proportion inverse de leurs besoins. « Inutilement riches dans les pays prospères où il n'y a que peu d'indigents à secourir, ils sont privés de toutes ressources dans les régions déshéritées. » Si l'on additionne les *seuls revenus des biens* des bureaux de bienfaisance, ce qui n'est qu'une partie de leurs recettes, nous trouvons en 1889, un chiffre respectable de 15,747,753 francs. Avec une pareille somme on pourrait soulager bien des misères. Or que fait-on ? On place en rentes et en immeubles le bénéfice des bureaux, qui perçoivent de gros revenus, on thésaurise, quand on devrait tout distribuer, et on économise, non-seulement tous les revenus, mais même une grosse fraction des autres recettes, car le total des placements s'est élevé, pour 1889, à 27 millions. On a relevé seize départements, dans lesquels la dépense totale des bureaux est inférieure à la moitié de la recette. Et il y a même des départements dans lesquels les placements ont été supérieurs à la dépense totale. L'Ariège place 518,473 francs pour

une dépense de 110,271. La Gironde place 5,481,647 fr.
pour une dépense de 605,743 francs.

Ces faits se passent de commentaires, et la conclusion
s'impose ; il faut fonder un fonds commun entre toutes les communes. C'est la voie qu'on n'a malheureusement pas suivie en 1893.

3° Secours à domicile et secours hospitaliers

Si la commune (ou le canton) doivent trouver les fonds
nécessaires pour secourir (tout au moins) leurs indigents
infirmes, le législateur doit s'ingénier à rechercher le
système d'assistance le plus économique, les ressources
de ces circonscriptions peu étendues se trouvant par là-
même, et quoi qu'on fasse, fort limitées. A ce propos, nous
trouvons dans l'opuscule du Dr Balland, *réorganisation
des secours à domicile*, des renseignements fort intéressants. « Au point de vue économique, il y a, dit cet auteur, un avantage considérable en faveur des secours à
domicile sur l'hôpital. En voici un exemple saisissant :
L'hôtel-Dieu et l'hôpital Lariboisière ont coûté, paraît-
il, ensemble, 70 millions, pour 1,900 lits, soit une rente
de 3,500,000 francs. Si l'on compte pour l'entretien d'un
lit la somme de 1,200 francs par an (c'est le chiffre des
statistiques officielles), on obtient la somme de 2,280,000
francs pour les 1,900 lits, ce qui, avec la rente du capital,
donne 5,780,000, ou 3,042 francs par lit et par ans (8,36
par jour). (L'auteur compte au taux de 5 0/0. En prenant
celui de 3 0/0 nous avons un chiffre de plus de 6 francs

par jour). Dans la plupart des sociétés de secours mutuels, les malades n'ont que 2 fr. au maximum et souvent même ils ont à leur charge les médicaments. » La même opinion est exprimée par M. Rey, dans une proposition récente sur l'assistance à donner aux vieillards et aux infirmes (n° 1193 de la 6° législature). « Pendant longtemps on ne s'est presque exclusivement occupé que de l'assistance hospitalière. Il semblait qu'il n'y avait d'autre moyen de venir en aide aux malheureux invalides que de les recueillir dans de vastes établissements dont quelques-uns sont de véritables palais. On dépensait ainsi des sommes énormes pour leur construction d'abord et pour leur nombreux personnel avant de pouvoir rendre le moindre service aux infortunés, auxquels ces richesses devaient revenir. Il en résultait que la plus grande partie du patrimoine des pauvres était dépensée inutilement, perdue sans retour, et qu'il fallait d'immenses ressources pour secourir un très petit nombre d'entre eux. A Paris, par exemple, chaque pensionnaire d'hospice revient à 900 francs ou 1,000 francs par an, même sans compter les frais de premier établissement, et il est rare que, dans les villes les plus favorisées, la dépense descende au-dessous de 500 francs. Or, avec moins de 200 francs, il est possible d'entretenir un vieillard à domicile, soit dans sa famille, soit chez des parents et amis. »

Ce ne sont pas seulement des motifs budgétaires qui nous font donner la préférence aux secours à domicile (quand il s'agit d'assistance, des considérations de cette sorte ne doivent pas tenir le premier rang). Mais nous invoquons aussi et surtout des raisons de morale publique. Nombreux sont ici les mérites des secours à domicile, et dans un admirable livre sur la bienfaisance, M. de Gérando les a retracés avec autant de chaleur que de vérité. Suivant lui, ce mode permet à la bienfaisance d'aller au-devant de l'infortune, de la découvrir, de la prendre sur le fait, de la saisir dans son état vrai. « Ce n'est plus alors l'indigence qui assiège la richesse, c'est la bonté qui accourt auprès de la souffrance. » Il lui permet, en outre, de découvrir la misère à sa naissance, et, partant, d'en prévenir l'accroissement. Enfin, et c'est sur ce point que nous insistons, c'est sur ce point qu'insistent les auteurs, l'assistance à domicile a cet immense avantage de ne pas séparer l'indigent de sa famille, de son foyer, de ses habitudes, « des débris de son mobilier, reste de son ancienne aisance, sur lesquels il aime à reposer ses yeux. » Aussi, dans l'enquête parlementaire sur l'organisation de l'assistance publique dans les campagnes, la plupart des déposants sont-ils tombés d'accord pour considérer avec raison le genre de bienfaisance, dont nous parlons, comme préférable à tout autre mode de soulagement.

C'est ce qui explique de même cette conclusion, développée par M. de Melun dans son rapport du 4 mars 1872, sur l'organisation de l'assistance : « Hors le cas exceptionnel, lorsque la famille n'existe pas ou est indigne de le conserver, le vieillard devrait terminer ses jours au milieu de ceux qu'il a élevés et auxquels il a consacré ses forces, son intelligence, une grande partie de sa vie. La famille, base de l'ordre social, serait réta-

blie, et le respect des parents, qui enseigne tous les autres respects, serait appris dès le berceau. »

Pour le vieillard, pas de doute possible ; pour le malade, soyons moins exclusifs, et reconnaissons que si
l'on se trouve en présence d'une grave opération à pratiquer, d'une opération qui réclame un ensemble de
soins bien difficiles à rencontrer dans une chaumière, qui
nécessite une installation spéciale et des instruments
compliqués, l'hôpital devra maintes fois être considéré
comme une ressource indispensable. Et nous trouve-
rions fort injuste, surtout à l'heure actuelle, le réquisi-
toire dressé par M. de Ranse, contre le secours hospitalier. Dans un travail, publié en 1871, et portant comme
titre : *Réorganisation de l'assistance publique*, cet auteur entasse comme à plaisir les reproches les plus vio-
lents contre nos hôpitaux, et son étude se résume en
deux propositions : Les maladies sont généralement plus
graves à l'hôpital qu'à domicile ; des malades entrés à l'hôpital avec une maladie légère succombent parfois à une
affection plus grave qu'ils y ont contractée. Mais s'il y a,
dans la forme, grande exagération, on trouve, au fond,
dans ces paroles, une grande part de vérité, surtout pour
l'habitant des campagnes. En dehors de quelques cas particuliers, maladies épidémiques, opérations chirurgicales,
le séjour « dans une salle » peut avoir la plus funeste
influence sur des individus habitués au grand air et à la
liberté des champs. La vue de ses compagnons de douleur attriste l'homme qui souffre ; le régime quasi-mi-
litaire et disciplinaire auquel on le soumet le fait rompre
trop brusquement avec ses habitudes d'antan. Au dé-

vouement payé de l'infirmière, il compare les consola-
tions de son entourage, les petits soins de sa famille ; au
silence morne du logis de la douleur, le bruit des travaux
agricoles et les commérages des voisins. Il regrette sa
chaumière délabrée, son réduit obscur, son pauvre
grabat et, dans l'effrayante monotonie de l'édifice cons-
truit à grands frais pour l'abriter, il s'éteint sans essayer
de lutter moralement contre les souffrances physiques ;
le dégoût de la vie qui l'étreint lui fait espérer la mort
qui le délivre. Aussi les classes pauvres en général et les
populations rurales en particulier ont-elles pour l'hôpital une répulsion marquée et le mot même leur fait horreur.

De ces faits, que résulte-t-il ? Evidemment que l'assistance à domicile s'impose et qu'en dehors d'hypothèses
bien déterminées, pour les maladies exigeant des soins
tout spéciaux et certains vieillards sans famille, partout
elle doit remplacer l'assistance hospitalière.

C'est en ce sens que le législateur a statué, en organi-
sant le service d'assistance médicale, et c'est la tendance
générale actuelle qui ne peut qu'être approuvée.

TITRE II

L'étendue de notre plan ne nous permet pas d'insister
longuement sur l'historique, et nous nous contenterons
d'indiquer sommairement les principes appliqués dans
l'Ancien Régime, qui sont le germe de nos institutions
actuelles. Le premier mode d'assistance, nous le trouvons dans les monastères, qui abritaient les miséreux
et leur donnaient le vivre et le coucher ; le deuxième
mode, on le voit fonctionner dans les corporations où
les ouvriers indigents étaient secourus par leurs compagnons. Tout cela, c'est en fait de l'assistance privée, et
l'assistance publique est loin tout d'abord d'être même,
en ses grandes lignes, organisée. La législation des con-
ciles en avait cependant posé le principe. « Que chaque
cité nourrisse ses pauvres », a dit celui de Tours, en 570,
et le concile d'Orléans a répété le précepte. Les capitu-
laires nous montrent un essai de Charlemagne pour introduire de l'ordre dans la distribution des secours ; mais
la tentative eut peu d'effet, et avec la féodalité nous tom-
bons dans une période d'obscurité, qui dure jusque vers
la deuxième moitié du XVIᵉ siècle. C'est une ordonnance
de 1532, édictant aux quarteniers de relever les noms

de ceux qui devaient participer aux distributions de
secours, que nous trouvons première en date, et bientôt,
nos rois essayaient, mais en vain, de réprimer la mendicité par diverses ordonnances successives, principalement en 1545 et 1547, qui prescrivaient de faire travailler
les pauvres valides, et de faire donner des secours par
les paroisses aux pauvres invalides. Mais les deux faits
les plus importants à signaler, c'est la sécularisation de
l'administration des secours à domicile, et c'est l'embryon de charité légale, qu'a voulu constituer Henri II.
Les États généraux ayant formulé des plaintes contre la
gestion des établissements hospitaliers, l'ordonnance de
1579 (Isambert, t. 14, n° 103), contenait dans un de ses
articles cette disposition significative : « Ne pourront
désormais être établis commissaires au régime et gouvernement des fruicts et revenus desdites maladreries et
hospitaux, autres que simples bourgeois, marchands ou
laboureurs, et non *personnes ecclésiastiques* ». Et, pour les
secours à domicile, les lettres patentes de 1544 avaient
composé le bureau des pauvres de treize *bourgeois* et de
quatre *conseillers* au Parlement. Le même caractère se
retrouve dans la réorganisation de 1582 et de 1783, ce
sont toujours des notables et des magistrats qui ont la
direction du service. Sous Louis XIV, dans la plupart
des paroisses, le bureau de charité existe et se compose
du curé, des marguilliers, et de douze notables. Enfin
le règlement du 7 septembre 1785 complète la réforme,
tout au moins dans le ressort du Parlement de Paris.
D'après ce règlement, les assemblées particulières étaient
composées du curé, des officiers de justice, des marguil-

liers, de deux ou plusieurs dames de charité, d'un procureur et d'un trésorier. Outre ces assemblées, chargées de
la distribution des secours, deux fois par an se tenaient
des assemblées générales, comprenant les anciens marguilliers, le syndic et les douze habitants les plus imposés (1). On voit, que contrairement à une opinion fort
accréditée, ce n'est pas la Révolution qui a sécularisé
l'assistance.

Le deuxième fait, que nous ayons à signaler, c'est la
création d'une taxe des pauvres, d'un embryon de charité
légale par Henri II. L'édit du 13 février 1531, enregistré au
Parlement le 26 suivant, fait d'abord remarquer (Isambert,
t. XIII, n° 195) que les questes et aumosnes que l'on voulait recouvrier par sepmaine en chacune paroisse sont
tant diminuées et est la charité de la plupart des plus
aisés manans et habitants de notre dite ville tant refroidie
qu'il est malaisé et impossible de continuer l'aumosne
desdits pauvres, que l'on a accoustumé de leur distribuer
par chacune semaine, chose qui nous vient à très grand
regret et déplaisir. Puis il ajoute que des commissaires
désignés par le Parlement rechercheront ce que chacun
voudra « aumosner par sepmaine ». Le chiffre des contributions volontaires sera porté au Parlement, qui taxera
chacun selon ses offres et facultés, et l'on percevra la *taxe
comme un autre impôt* ». C'était, comme on le voit, une sorte de taxe des pauvres, et par la même un essai de charité légale. Cette institution fut même généralisée et établie dans tout le royaume en 1566 par l'art. 73 de la fa-

---

1. Voir *Pandectes françaises, Bureau de bienfaisance.*

meuse ordonnance de Moulins ainsi conçu : « Ordonnons que les pauvres de chacune ville, bourg et village, seront nourris et entrenus par ceux de la ville, bourg ou village, dont ils seront *natifs* ou *habitants*. Et à ces fins seront les habitants tenus de contribuer à la nourriture desdits pauvres selon leurs facultés, à la diligence des maires, eschevins, consuls et marguilliers des paroisses ».

La Révolution crut innover, elle ne faisait qu'organiser un système prévu sous l'ancien régime, mais qui n'avait eu qu'un tort, celui d'être mal exécuté. De 1789 à 1796, l'esprit de la charité légale préside à toutes les lois et à toutes les mesures du gouvernement concernant les pauvres. Dès son début, l'Assemblée nationale s'était occupée de la question des secours publics. Dans un décret fort vague du 22 décembre 1789, elle avait attribué aux administrations départementales le soulagement des pauvres ; mais quelques mois après, elle nommait un comité pour l'extinction de la mendicité et ce comité voulut, par l'organe de son rapporteur, La Rochefoucauld, réorganiser complètement l'assistance.

Débutant par ces mots : « Tout homme a droit à sa subsistance », le rapporteur propose de vendre les biens et de réunir dans une seule caisse tous les revenus des établissements charitables. L'Etat concentrera et distribuera les fonds. Cinquante millions lui suffiront, c'est à peu près le total des revenus divers dont jouissent, en 1789, les établissements charitables. Sur cette somme, 40 millions destinés aux secours habituels et 5 millions aux ateliers de secours seront répartis par un vote de chaque législature entre les départements, et les 5 millions restants seront tenus en réserve pour les besoins extraordinaires.

Dans chaque district, il y aura une agence et une commission de surveillance, et pour avoir droit à l'assistance, il faudra : 1° être domicilié dans le canton ; 2° ne pas payer une contribution supérieure à une journée de travail ; 3° n'être ni domestique ni aux gages d'une autre personne ; 4° faire constater son besoin par le serment de deux citoyens éligibles, domiciliés dans le canton. Il y a des secours ordinaires et extraordinaires. Dans la première classe, défrayée par 40 millions, on trouve les vieillards, les infirmes, les malades, les enfants, qui recevront des secours à domicile ; et dans la seconde, les valides, pour qui l'on ouvre des ateliers de charité.

La Constituante ne put mettre en pratique les mesures proposées ; elle se contenta de décréter, dans sa Constitution, qu'un établissement général de secours serait constitué. La Législative ne put faire davantage. La Convention commença par déclarer que les secours publics sont une dette sacrée. Les décrets du 19 mars 1793, du 28 juin de la même année, et les lois du 24 vendémiaire et du 22 floréal an II, développèrent le principe. Le 19 mars 1793, un décret fondait une agence dans chaque canton chargée de la distribution du travail aux valides et des secours aux invalides. Et la République votait des fonds répartis en travaux de secours, secours à domicile, secours hospitaliers pour les vieillards et les enfants. La loi du 28 juin 1793 édictait le principe que les pères de famille qui vivent de leur travail, ont droit à un secours proportionné à leurs ressources et au nombre de leurs enfants, accordait une pension de 120 livres au plus aux vieillards, prescrivait la formation dans chaque commune de deux rôles de secours et la création d'une agence composée d'un citoyen et d'une citoyenne. La loi du 24 vendémiaire an II s'occupait spécialement des travaux et du domicile de secours, et la loi du 22 floréal an II formait le couronnement de l'œuvre de la Convention. Elle fut rendue sur le rapport de Barrère, et comprenait cinq titres. L'article 1er portait : « Il sera ouvert dans chaque département un registre, qui aura pour dénomination : livre de la bienfaisance nationale. » On allouait 160 livres par an aux cultivateurs, vieillards, infirmes et indigents, 120 aux artisans vieillards et infirmes, qui faisaient certifier par leur municipalité que, depuis 25 ans, ils exerçaient hors des villes une profession mécanique. Les veuves ayant des enfants recevaient des secours proportionnés au nombre de ces enfants. Le titre IV concernait les secours à domicile donnés dans l'état de maladie aux citoyens et citoyennes ayant des inscriptions. Ce titre créait un service d'officiers de santé et instituait dans chaque district des boîtes de remèdes. Cette loi, qui se terminait par l'institution de la fête du malheur, ne fut pas exécutée, et bientôt on revint au système d'assistance locale ; la vente des biens des établissements de bienfaisance fut suspendue, et la loi de frimaire an V créa nos bureaux de bienfaisance. Le droit à l'assistance disparaissait avec la législation de la Convention, et, sauf les discussions de 1848, qui amenèrent le vote d'un article vague dans la Constitution, il n'en fut plus question dans nos textes législatifs.

DEUXIÈME PARTIE

DES SECOURS A DOMICILE EN GÉNÉRAL

TITRE PREMIER

DES SECOURS.

Étant donné le caractère facultatif du service d'assistance à domicile, il n'existe pas de texte général donnant les règles à suivre pour l'admission aux secours, la distribution et le mode de secours. Sauf à Paris, où un règlement d'administration publique du 12 août 1886 a fixé la matière, on s'en est remis sur ce point au zèle des administrations, et le règlement particulier de chaque commission détermine les principes à observer. Toutefois, nous aidant comme modèle du décret de 1886 et du règlement-type du 10 février 1876 (*Recueil des circulaires du ministère de l'intérieur*, 1876, p. 146), nous nous proposons d'étudier les règles généralement admises ; nous réserverons pour notre troisième partie la réglementation spéciale édictée pour les secours médicaux par la loi du 15 juillet 1893.

Section I. — Des personnes à secourir.

1° *De l'indigence.* — Comment la définir? Une circulaire de nivôse an X (Watteville, *Législation charitable*, t. l, p. 85) a fort nettement déduit les principes sur ce point. D'après ce texte, la société ne devrait de secours qu'à ceux qui, par la force des circonstances, se trouvent dans l'impossibilité de fournir à leurs premiers besoins. « Aussi, continue le ministre, le premier soin qui doit occuper une administration chargée de répartir les aumônes, consiste à constater l'état de besoin. »

Or l'état de besoin se décompose en trois parties : état d'abandon, état d'infirmité, état de pauvreté.

Nous classerons dans la première tous ceux qui n'ont plus de famille et que l'âge et les infirmités incurables mettent dans l'impossibilité de fournir un travail capable de les faire vivre. A ceux-là seuls, nous appliquerons le régime hospitalier. Dans la seconde, nous classerons tous ceux que des infirmités passagères empêchent de se livrer au travail et qui n'ont aucun autre moyen d'existence. A ceux-là s'applique aujourd'hui la loi sur l'assistance médicale. Enfin appartiendront à la troisième, ceux qui manquent de travail par suite de la force des circonstances ou qui sont chargés d'une famille trop nombreuse pour que le chef puisse fournir à ses premiers besoins. Pour les uns, des travaux de recours, et pour les autres, des secours à domicile devront être organisés.

Ayant ainsi défini l'indigence, comment la constater ?

C'est ici le point délicat. Il faudra se livrer à une enquête minutieuse. Il y a tant de faux miséreux, que des abus inévitables se glisseront dans les distributions. La perfection est ici irréalisable ; mais ne vaut-il pas mieux que la société soutienne à tort quelques individus, plutôt que d'en laisser un seul mourir de faim ? Dans les villes, nous trouvons des visiteurs des pauvres et des dames de charité qui se rendent au domicile de l'individu, pour constater son état de besoin. A Paris, les visiteurs sont de véritables fonctionnaires rétribués et faisant partie du personnel administratif des bureaux de bienfaisance ou de l'administration de l'Assistance Publique. Ils doivent s'enquérir avec soin des circonstances, qui nécessitent l'admission au secours, et c'est après leur enquête que l'admission est prononcée. Malgré cette organisation perfectionnée, il y a encore des abus flagrants. De bons esprits en ont cherché le remède. On a proposé de n'accorder les secours que sur demandes immédiatement suivies de visites faites par les employés salariés et sur lesquelles il serait statué dans les 24 heures par l'administrateur de service. Le remède serait pire que le mal. Exiger une demande, c'est supprimer l'assistance pour une catégorie de miséreux, peut-être la plus intéressante, les pauvres honteux.

2° *De la nationalité.* — Faut-il, à la condition nécessaire d'indigence, en ajouter une autre ? Faut-il n'admettre aux secours publics que les nationaux, en exclure formellement les étrangers. Deux idées agiront ici en sens contraire sur l'esprit du législateur. Un sentiment d'humanité le poussera à ne pas comprendre seulement nos

compatriotes dans les distributions, mais un sentiment
contraire le retiendra, celui de protection du travail national. Il ne faut pas qu'une concurrence dangereuse
vienne réduire le salaire des ouvriers français, et l'un des
moyens de la restreindre, c'est de ne pas obliger les communes à donner des secours aux ouvriers étrangers ;
toutefois, dans une nation civilisée, les pouvoirs publics
ne doivent laisser aucun individu, quelle que soit sa nationalité, mourir de faim, et nous approuvons pleinement
la législation parisienne, qui a pris un moyen terme et
a décidé que les étrangers recevraient des secours temporaires, des secours en cas d'urgence, mais que jamais,
sauf ceux qui sont admis à domicile, aucun d'eux n'ob-
tiendrait de secours annuels.

Section II. — De la distribution des secours.

L'indigence constatée, le secours accordé, comment
va-t-on le distribuer ? Actuellement, dans chaque bureau,
la commission tient un registre, où sont inscrits les indigents participant aux secours à domicile. L'institution,
qui est fondamentale, n'est nécessairement pas nouvelle.
Dès 1823, la circulaire commentant l'ordonnance du 31
octobre 1821 s'exprimait ainsi : « Il est bon de tenir un
livre des pauvres, où l'on inscrive tous les indigents qui
seront assistés ». Ce système d'inscriptions s'est généra-
lisé, et d'ordinaire, suivant les prescriptions de ladite circulaire, le livre est divisé en deux parties : la première
pour les indigents temporairement secourus, et la seconde

pour les indigents annuellement secourus. Que comprend la première ? A Paris, d'après le règlement de 1886, et c'est une mesure à étendre, on y porte : les personnes (incapables de pourvoir à leur subsistance) atteintes de maladies chroniques ou d'infirmités, les vieillards âgés de 64 ans révolus, les orphelins âgés de moins de 13 ans. Et cette disposition est immédiatement suivie de cette autre, qui est excellente : Les indigents qui reçoivent des secours annuels sont tenus de faire contrôler au secrétariat du Bureau de Bienfaisance, la quotité des secours permanents qu'ils pourraient recevoir d'institutions charitables étrangères à l'Administration de l'Assistance Publique. En cas de fausse déclaration, les secours annuels sont supprimés. Et, comme moyen de contrôle, le paragraphe suivant ajoute : La liste des personnes qui reçoivent des secours annuels peut être communiquée aux représentants des institutions charitables qui prennent l'engagement de communiquer au bureau de bienfaisance la liste des indigents qu'ils secourent (art. 33 du décret du 12 août 1886). De plus : l'admission aux secours annuels ne peut être prononcée que par la Commission administrative tout entière, sur le rapport d'une Commission spéciale qui examine et contrôle préalablement les propositions individuelles des administrateurs. Tous les ans, il y a revision de la liste des indigents annuellement secourus.

Dans la catégorie des secourus temporairement, on compte au contraire à Paris les personnes qui se trouvent dans des cas d'indigence momentanée, par suite de maladies, de blessures et de couches. Dans les com-

munes autres que Paris, soumises à la loi du 15 juillet
1893, les blessés et malades pourront participer à deux
services : à celui de l'assistance médicale pour les médicaments et visites de médecins, à celui de l'assistance
à domicile générale quant aux divers autres secours,
qui leur seront accordés pour eux et leur famille.

On peut constituer un troisième groupe d'indigents,
ceux qu'on secourt extraordinairement. La circulaire du
10 février 1876 cite cette troisième catégorie, mais nous
ne la trouvons pas dans le décret de 1886.

En résumé, le système de distribution de Paris, système que nous ne pouvons que recommander aux autres
localités repose sur les principes suivants : une enquête
est faite préalablement sur la véritable situation du pauvre. L'administrateur de service (chacun exerce durant
une quinzaine), admet aux secours temporaires. Pour
convertir les distributions temporaires en distributions
annuelles, il faut un rapport d'une commission spéciale,
une délibération de la commission administrative, et une
inscription sur des listes révisées tous les ans. Triple
garantie nécessaire contre les abus !

Section III. — Du mode de secours.

Il faut choisir entre deux modes : les secours en nature, les secours en argent. Le secours en nature est généralement préféré, on le donne sous forme de bons de
pain, de combustibles, de vêtements, à prendre chez un
fournisseur de l'administration. La circulaire de nivôse

an X, recommandait déjà ce genre d'allocations ; celle du 10 février 1876 suit son exemple. Cependant, si le secours donné en nature atténue les abus, il ne les supprime pas. L'administration doit exercer une surveillance d'autant plus minutieuse, que le trafic des bons est une sorte de vol du patrimoine des pauvres. Plus on admet de faux indigents aux distributions, plus on réduit la part à faire aux vrais miséreux, et c'est-là une situation des plus regrettables qu'il faut par tous moyens possibles chercher à améliorer. Il est utile de multiplier les mesures servant à constater l'identité de l'individu qui vient chez le fournisseur échanger son bon contre des allocations en nature. On pourrait même, l'idée en a été déjà émise (1), frapper d'une pénalité rigoureuse le trafic de ces bons, contre lequel les magistrats sont actuellement désarmés.

Les articles 37 à 56 du décret du 12 août 1886 règlent la matière, pour la ville de Paris. Les allocations imputées sur le budget propre de chaque bureau de bienfaisance, sur le budget de l'administration de l'assistance publique et sur le budget départemental, consistent en secours en nature, et en argent ; le texte parle en outre de secours *représentatifs*. Ils sont créés en faveur des infirmes et des vieillards. Distribués entre chaque arrondissement par l'administration de l'assistance publique, ils représentent, leur nom l'indique, les frais qu'occasionneraient les assistés à l'hospice. Cette création montre la préférence donnée par la législation parisienne aux secours à domicile sur les secours hospitaliers.

1. V. Bazennerie : *Des secours en nature, Le Droit*, 2 avril 1852.

Section IV. — Du domicile de secours (Renvoi).

Ayant ainsi étudié fort succinctement les modes de secours, il nous faudrait examiner la question du domicile de
secours, c'est-à-dire déterminer quelle est la commune,
l'assistance étant un service local, chargée de secourir
tel ou tel individu. Mais ce point n'a d'importance qu'avec
des textes admettant l'obligation stricte d'assistance. Dans
une législation qui considère le secours comme une libéralité, comme la législation actuelle de nos bureaux de
bienfaisance, les administrations locales sont absolument libres de régler cette matière suivant leur volonté,
et si, en fait, elles suivent les principes de la loi du 24
vendémiaire an II, vestige d'un état politique qui admettait le recours du pauvre contre la société, en droit,
on ne peut les forcer à s'y conformer. De plus, la même
question devant se poser à propos de la loi du 15 juillet
1893, résolue de façon différente par ce dernier texte, il
nous paraît plus intéressant de comparer entre elles les
deux séries de dispositions rendues à près d'un siècle de
distance. Nous réservons donc ce point pour une étude
ultérieure.

Appendice. — *Des déchéances résultant de l'inscription.*

Reste comme appendice à ce chapitre, quelques mots
à dire sur les déchéances résultant de l'inscription au

bureau de bienfaisance. Tout d'abord l'article 32 de la loi du 5 avril 1884, décide que : « ne peuvent être élus conseillers municipaux ceux qui sont secourus par les bureaux de bienfaisance. » La raison, a-t-on dit, qui a guidé le législateur, c'est qu'on ne peut confier les finances d'une localité à ceux qui n'ont aucun intérêt matériel à leur bonne gestion. Mais notre droit public ne mesure pas à l'intérêt la participation aux charges municipales, puisqu'il a supprimé l'adjonction des plus hauts imposés. Il faut chercher le motif dans le manque d'indépendance des conseillers secourus, le maire étant président de la commission du bureau de bienfaisance, et le conseil nommant une partie de ses membres. Que faut-il entendre par l'expression « secouru » ? M. de Heredia avait proposé un amendement consistant à ajouter le mot « habituellement », afin de ne pas comprendre dans l'exclusion celui qui, dans un moment de gêne passagère, aurait pu recevoir une allocation accidentelle. L'amendement ayant été repoussé, il en faut conclure que, même en cette hypothèse, la déchéance subsisterait. (Toutefois le Conseil d'Etat a décidé que l'obtention de secours momentanés en temps de guerre n'entraînerait pas l'inégibilité). De plus, comme d'après un principe certain les déchéances doivent s'interpréter de façon restrictive, ne doit être considéré comme rentrant dans la catégorie déterminée que l'individu inscrit, l'année même de l'élection sur la liste des indigents.

Une seconde déchéance résulte de la loi du 3 mai 1844, sur la chasse. Le préfet peut refuser un permis à tout individu non inscrit au rôle des contributions di-

rectes. Cette disposition comprend les indigents dispensés par le conseil municipal de la contribution personnelle. Ce texte, quoique assez rationnel, a été supprimé
dans le projet de loi voté par le Sénat, et actuellement
soumis à une commission de la Chambre. Il n'y aurait, à
notre avis, aucun inconvénient à le rétablir.

<h1 style="text-align:center">TITRE II</h1>

DE L'ADMINISTRATION CHARGÉE DE DISTRIBUER LES SECOURS

En France l'assistance à domicile est en principe
exercée par des bureaux de bienfaisance. Qu'il y ait des
secours donnés par les hospices, d'après la loi de 1873,
par les départements, par l'Etat même en certains cas,
c'est exact ; mais le rôle essentiel et prépondérant en la
matière est confié à un établissement public, personne
morale, dont nous allons successivement étudier la création, l'organisation, le fonctionnement et le budget.
Auparavant, constatons que ce bureau de bienfaisance
va être soumis, comme tout établissement public, et d'a-
près la jurisprudence si nettement établie depuis quelques
années, à la règle de la spécialisation des attributions.
Comme les autres personnes morales publiques, les bureaux de bienfaisance n'existent que pour accomplir la
mission qui leur a été dévolue ; ils doivent donc ne pas
perdre de vue l'objet pour lequel la loi de frimaire an V
les a institués, la distribution des secours à domicile, et
l'administration supérieure, en même temps que les décisions du Conseil d'Etat, l'a maintes fois affirmé. Une
circulaire du 3 août 1867, relative à l'exécution de la loi
municipale de la même année rappelle, qu'il est de

principe que les revenus des bureaux de bienfaisance doivent servir à distribuer des secours à domicile ou à faire soigner, au sein de leur famille, les indigents malades ou infirmes qui, sans ce secours, seraient obligés de demander leur admission dans un hôpital. « Ainsi un bureau de bienfaisance ne pourrait, ajoute le Ministre, à moins de fondation expresse, appliquer ses ressources à la création de lits dans un hospice, ou à l'établissement d'écoles, de salles d'asile, etc. (1). » De même un avis du Conseil d'Etat, du 14 août 1833, a décidé que, l'institution des bureaux de bienfaisance ayant pour objet de faire distribuer à domicile des secours à la classe malaisée, il n'y avait pas lieu d'autoriser la fondation par le bureau de bienfaisance, de lits dans un hôpital (*Pandectes françaises, Bureaux de bienfaisance*, p. 582).

Toutefois n'allons pas trop loin dans cette voie ; n'exagérons pas la portée des principes abstraits ; à côté des attributions ordinaires des bureaux de bienfaisance, il y a des œuvres charitables annexes, qu'ils peuvent pratiquer, des formes nouvelles de la charité, qu'ils ne doivent pas ignorer. Aussi ne peut-on qu'approuver les lignes suivantes qui terminent le rapport des inspecteurs généraux sur l'assistance publique, en 1874 : « Les bureaux de bienfaisance ne donnent presque que des secours en nature et en argent. Ils ne doivent pas s'arrêter devant cette limite du secours matériel, ils doivent agrandir leur mission, se placer à un point de vue plus élevé et étendre leur action à l'aide de l'assistance morale et préventive. »

1. *Recueil Min. de l'Int.*, 1867, p. 393.

CHAPITRE I

La loi du 7 frimaire (art. 3) an V disposait : « Dans le mois qui suivra la publication de la présente, le bureau central, dans les communes où il y a plusieurs municipalités et l'administration municipale, dans les autres, formeront, par nomination au scrutin un bureau de bienfaisance, ou plusieurs, s'ils le croient convenable. » Le texte ne fut point observé et, le 19 vendémiaire an IX, le Ministre de l'Intérieur, après avoir remarqué que la loi du 16 vendémiaire an V sur les hospices avait généralement reçu son exécution ajoutait (Circulaire du 19 vendémiaire an IX, *Recueil des circulaires et instructions du Ministère de l'Intérieur*, t. 1, 78) : « Mais je ne vois pas que l'on ait mis le même empressement à remplir le vœu des lois des 7 frimaire et 20 ventôse an V : il m'a paru que, dans plusieurs anciens arrondissements de canton, on n'avait point organisé de bureau de bienfaisance. »

Les communes ayant recouvré leur indépendance, les cantons n'existant plus comme subdivision administrative, il était difficile d'exiger l'exécution de la loi. Le Gouvernement ne tint pas la main et, d'obligatoire qu'elle était en chaque canton, la création de bureaux de bienfaisance devint facultative en chaque commune. Ce changement de principes, nous le constatons dans la circulaire du 14 février 1823, où l'on trouve la phrase suivante : « Il doit donc être établi un bureau de bienfaisance dans chaque commune, ou du moins dans toutes *celles où l'autorité locale le jugera* nécessaire ou utile ».

Dès lors, se posait la question de savoir quelle autorité serait chargée de créer les bureaux.

Dans la première moitié de notre siècle, de nombreux bureaux de bienfaisance avaient été fondés avec la seule autorisation des préfets, quand le décret du 25 janvier 1852 (§ y, n° 55 du t. A) vint changer la pratique en réservant à un décret en assemblée générale du Conseil d'État la création des établissements de bienfaisance. Une circulaire du 5 mai 1852 (*Recueil des circulaires*, 1852, p. 243), rappela aux préfets que les édits de décembre 1666 et 1749 soumettaient à la permission expresse du roi, accordée par lettres patentes, l'établissement de toute maison ou communauté, même sous prétexte d'hospices ou d'hôpitaux ; qu'à deux points de vue il était utile de maintenir l'ancienne législation pour les bureaux de bienfaisance. Créer cet établissement, c'est créer une personne civile, capable de recevoir, de posséder, d'acquérir, d'exercer tous les actes de la vie civile. « La concession d'un semblable privilège n'a pas un intérêt purement local ; elle touche aux intérêts même de l'État... D'un autre côté il semble y avoir plus d'inconvénients que d'avantages à multiplier les établissements de bienfaisance, qui le plus souvent, sont dépourvus de dotations propres, et ne peuvent disposer que de ressources éventuelles. Dès lors, concluait le Ministre, il y a là un acte de haute administration que le Gouvernement seul peut accomplir avec le concours des lumières du Conseil d'État. » Mais, à cette conception de l'autorité centrale, on répondit que la procédure d'autorisation entraînait des lenteurs peu compatibles avec l'établissement d'un bureau de bienfaisance, provoqué souvent par un hiver rigoureux ou des circonstances de chômages malheureuses. Pourquoi, ajoutait-on, tant de défiance à l'égard des autorités locales, quand elles veulent fonder des institutions qui ne peuvent qu'être encouragées. Pour fonder un bureau de bienfaisance, pas besoin de constructions, pas de frais d'établissement comme pour un hospice. Si le bureau ne peut fonctionner, faute de ressources, cette situation sera malheureuse, mais, au point de vue financier, elle ne peut pas avoir pour la commune de conséquences fâcheuses.

L'administration d'ailleurs ne tint pas la main aux principes qu'elle avait exposés, et les préfets continuèrent à approuver ces créations. D'ailleurs, la loi du 14 juillet 1867 consacra la pratique dans un article 14 ainsi conçu : « La création des bureaux de bienfaisance est autorisée par les préfets, sur l'avis des Conseils municipaux ». La circulaire, qui régla l'exécution de la loi, recommandait aux administrateurs des départements, d'exiger que les bureaux à créer fussent, avant même leur fonctionnement, pourvus d'une donation en rentes ou revenus d'au moins 50 francs.

Une question se posa, en ce qui touche les établissements autorisés par les préfets jusqu'à la loi du 24 juillet 1867. Ces établissements, dont un acte irrégulier a
approuvé la création, sont-ils capables de faire les actes
de la vie civile, par exemple (et c'est l'espèce ordinaire)
d'accepter des dons et legs? La jurisprudence s'est divisée ; la Cour de cassation et la majorité des tribunaux
leur reconnaît l'existence légale ; mais nous préférons
la solution négative, adoptée à plusieurs reprises par la
Cour d'Angers (D. 62, 2, 324 ; 67, 2, 68 ; 74, 2, 279).
S'il est un principe incontestable dans notre droit administratif, c'est celui en vertu duquel aucun établissement public ou d'utilité publique ne peut être créé sans
la consécration du pouvoir central. Que, par un texte
formel, on y ait dérogé, dans notre cas, pour des motifs
pratiques, je l'approuve ; mais, avant la promulgation,
les principes subsistaient ; avant 1867, les bureaux, créés
avec l'intervention du préfet seul, n'ayant pas d'acte
de naissance légal, ne peuvent avoir d'existence régu-
lière.

Les arrêts invoquent en outre, pour soutenir notre opinion, les édits de 1666 et 1749. Mais ces édits me pa-
raissent avoir été abrogés implicitement par la loi de
l'an V, qui instituait obligatoirement en chaque canton
un bureau de bienfaisance, dont les services devaient
être organisés par l'administration municipale. D'ailleurs le terrain des principes est assez solide, pour
qu'on n'ait pas à chercher dans des textes plus ou moins
archaïques d'autres points d'appui.

Telle était la situation quand fut votée la loi municipale du 5 avril 1884 qui vint, dans son article final, abroger la loi de 1867, et, par suite, l'article 14 de cette dernière loi. Que le législateur de cette époque ait péché par inadvertance, soit; mais, l'art. 14 de la loi de 1867, édictant une exception à un principe certain, l'exception disparaissait avec le texte, et la compétence du préfet pour la création de bureaux de bienfaisance, ne devait plus être maintenue. Ce fut en effet, la solution admise par le Ministère de l'Intérieur, dans sa circulaire du 15 mai suivant et malgré l'opinion de quelques auteurs, de M. Léon Morgand, par exemple, nous la tenons pour certaine.

Quoi qu'il en soit, depuis la loi du 15 juillet 1893, la question, à notre avis, ne peut plus se poser. Virtuellement existe aujourd'hui, dans chaque commune, un bureau de bienfaisance, et nous ne voyons pas d'autre moyen d'expliquer le paragraphe ajouté par la Chambre à l'article 10 de la loi sur l'assistance médicale: « A défaut d'hospice, ou de bureau de bienfaisance, le bureau d'assistance est régi par la loi du 21 mai 1873 (articles 1 à 5), modifiée par la loi du 5 août 1879, et possède, outre les attributions qui lui sont dévolues par la présente loi (la distribution des secours médicaux à domicile), tous les droits et attributions qui appartiennent au bureau de bienfaisance ». Aussi s'appuyant sur cette dernière phrase, le 31 juillet 1893, le Ministre adressait aux préfets une circulaire dans laquelle il expliquait que la loi créant dans toutes les communes où il n'existait pas de bureau de bienfaisance une commission d'assistance médicale chargée éventuellement de tous les services de bienfaisance, les formalités exigées jusqu'ici pour l'établissement des bureaux de bienfaisance étaient abolies.

La solution indiquée par l'administration est absolument conforme au texte et à l'esprit de la loi ; le rapporteur de la loi de 1893 l'a affirmé à la tribune de la Chambre, dans la séance du 18 février 1895. La commission et le Parlement ont été dominés par cette pensée, absolument exacte, qu'il fallait, autant que possible, réunir dans les mêmes mains les divers services d'assistance. C'est dans ce but, qu'on a formé la commission d'assistance : 1° des membres réunis des deux commissions de l'hospice et du bureau de bienfaisance, dans les villes où ces deux institutions existent ; 2° des mêmes membres que la commission du bureau de bienfaisance dans les communes qui ne comportent que ce dernier établissement. Enfin, dans les communes où n'existait aucun service, on a d'abord créé le plus urgent, celui des services médicaux; on lui a donné un organisme en lui affectant des ressources obligatoires, et peu à peu cet organisme doit embrasser les divers services restants. « Nous avons voulu, a dit M. Rey, que le bureau d'assistance fût en quelque sorte une pierre d'attente sur laquelle viendront s'établir plus tard toutes les branches d'assistance. »

Quelque clairs que soient le texte et l'esprit de la réforme, le Conseil d'État cependant a résisté pour l'admettre. Il a émis l'opinion, que les formalités au contraire persistaient, qu'il fallait encore, pour la création dans une commune d'un bureau de bienfaisance, l'autorisation du Gouvernement et, ce qui est fort grave, qu'il était nécessaire que ce bureau de bienfaisance justifiât de 50 fr. de ressources annuelles, ainsi que l'exigeait la pratique antérieure.

Cette opinion, non seulement est contraire au texte, mais entraîne une conséquence déplorable en plus de complications inutiles. « Supposez un don de 1.000 fr., au taux d'intérêt actuel, cela ne donnera point 50 francs de revenu ; eh bien ! on ne pourra en faire bénéficier le bureau d'assistance, si la somme est affectée par le donateur aux secours ordinaires ; et il faudra placer cette somme en rentes sur l'État, jusqu'à ce que les intérêts produisent 50 francs. A tous égards, cette solution serait malheureuse. » (Discours de M. Rey.) (1)

Aussi, ne partageons-nous point l'avis du Consei d'État. Depuis la loi du 15 juillet 1893, en chaque commune, le bureau de bienfaisance est conçu ; il n'a plus qu'à naître. Malheureusement on a oublié de lui donner des moyens d'existence. En effet, après avoir paru tenter, dans une loi spéciale, une réforme générale, ce qui n'était peut-être pas très logique, le législateur s'est souvenu du but restreint qu'il avait a atteindre, et n'a donné partout des ressources qu'au service de l'assistance médicale. De sorte que, par une conception un peu bizarre, on a créé l'organe avant le service, comme si des actionnaires nommaient le directeur avant d'avoir fondé la société. En résumé, le thème de la récente réforme a consisté à donner, dans certaines communes, à la commission du bureau de bienfaisance le *devoir* d'organiser

1. Voir pour le surplus la discussion du 18 février 1893, *J. Off.* du 19.

le service obligatoire des soins médicaux et pharmaceutiques aux indigents, tandis que dans d'autres, au contraire, on donnait à la commission d'assistance nouvellement établie la *faculté* de créer dans l'avenir les divers autres services de secours. C'est un chassé-croisé, qui ne manque pas de piquant, entre le service des secours médicaux, et celui des secours ordinaires. Cette situation appelle un complément de réformes, que le Parlement, sans aucun doute, voudra bientôt voter.

CHAPITRE II

Dans l'organisation de nos bureaux français, deux
traits ressortent, marquant de leur empreinte ineffaçable
le caractère de notre législation : le premier c'est que
l'administration des secours à domicile est confiée à une
agence collective, chargée à la fois de la délibération et
de l'exécution. C'est un vestige des réformes administratives de la Révolution ; c'est un signe caractéristique
de l'époque à laquelle ont été constitués nos services
d'assistance. Tandis que, dans la plupart des autres cas,
l'action, confiée à un agent unique, a été séparée de la
délibération, faite par une assemblée, les diverses lois
qui se sont succédé ont concentré dans les mêmes
mains cette action et cette délibération par l'administration des secours à domicile. Et l'on ne saurait en blâmer. Les pouvoirs des commissions participent plutôt
de la puissance délibérante que de l'exécutive, et
de même que les subventions aux communes sont déléguées aux commissions départementales, les secours
individuels sont répartis par une agence collective.

Un second caractère de l'institution en France, c'est l'excessive tutelle, à laquelle sont soumises les administrations. Elles sont sous la dépendance absolue du préfet, ou du sous-préfet, agents de l'autorité centrale. Si l'on a déconcentré à l'égard de leurs délibérations depuis 1852 et 1861, on n'a pas décentralisé et nous devons regretter cette situation, d'après laquelle elles ne peuvent prendre aucune résolution de quelque importance sans qu'un fonctionnaire, étranger généralement au pays, ne vienne la contrôler. Les auteurs, depuis M. Leroy-Beaulieu jusqu'à M. Fleury-Ravarin, condamnent à juste titre cette centralisation exagérée. Sans aller jusqu'à la conception anglaise, qui ne laisse au gouvernement qu'un droit d'organisation générale, en donnant aux comités locaux pleins pouvoirs, même en matière de constructions et d'emprunts, nous souhaitons que le législateur relâche à bref délai, le lien trop étroit qui unit ici les administrations communales à l'autorité centrale.

Ces caractères primordiaux de l'institution une fois déterminés, il nous faut exposer en peu de mots les diverses phases de la législation, en ce qui touche la nomination des administrateurs : puis nous étudierons le fonctionnement de la commission, ses pouvoirs en général et enfin les actes du bureau, en tant que personne morale, en tant que service public.

Section I. — Composition des commissions
de bienfaisance

Nous insisterons peu sur cette question, qui, après avoir fait l'objet, dans nos assemblées délibérantes, de violentes discussions, semble avoir perdu de son actualité et de son âpreté.

Deux systèmes opposés se conçoivent ici : ou bien la nomination est confiée au pouvoir central, ou à ses délégués ; ou bien on laisse le choix des administrateurs aux conseils locaux. Aujourd'hui c'est un système mixte qui est en vigueur, le préfet et le conseil municipal participant à la constitution du personnel de la commission. Mais la législation, dans le cours du siècle, a plusieurs fois varié.

En l'an V, c'étaient les administrations municipales de canton qui devaient désigner les commissaires au nombre de cinq. On les renouvelait tous les ans par moitié, en commençant par la fraction la plus forte. Bientôt le mode changea, et la loi du 28 pluviôse an VIII chargea les sous-préfets de remplir, en ce qui touche les établissements charitables, les fonctions exercées auparavant par les autorités municipales.

« La loi du 28 pluviôse an VIII, dit une circulaire du 20 juillet 1812 sur la constitution des corps administratifs et municipaux, n'ayant point alors limité la durée des fonctions administratives, on en avait conclu que les membres auxquels elles étaient déléguées pouvaient les exercer indéfiniment, et qu'en conséquence il ne devait plus exister d'époque fixe pour le renouvellement des commissions »(1).

L'omnipotence du souverain, qui cherchait à diriger toute chose, ne pouvait s'accommoder de cette situation, et c'est alors que parut le décret du 7 germinal an XIII. Désormais la nomination des membres est confiée au Ministre de l'Intérieur, sur l'avis des préfets, et d'après une liste quintuple de candidats présentés par leurs futurs collègues. Le renouvellement se fait par cinquième, l'ordre étant déterminé une première fois par la voie du sort. Si, dans le cours d'une année, par suite de mort ou de démission, il y a vacances, elles compteront pour le tirage. La conséquence, c'est que lorsque le cinquième d'une administration est ainsi renouvelé, il n'y a pas lieu de procéder dans la même année au renouvellement pour cause d'ancienneté. Sous l'Empire, on inaugure donc le système centralisateur.

Sous la Restauration, aucune réforme, si ce n'est un essai de déconcentration. Les membres du bureau de bienfaisance furent nommés, d'après l'ordonnance du 6 février 1818, directement par le préfet, dans toutes les communes de 5.000 habitants et au-dessous, où ce fonctionnaire nommait le maire. Signalons pour mémoire la constitution de conseils de charité, chargés d'assister les bureaux de bienfaisance, innovation qui dura peu, et dont l'utilité ne se faisait guère sentir.

---

1. *Recueil des circulaires et instructions du Ministère de l'Intérieur*, t. 2.

En 1830, en tous cas, le préfet nomme ; en **1831**, le
maire devient président né de la commission, et telle
était la situation, quand un décret du 17 juin 1852, appliquant les dispositions de celui du **23** mars précèdent,
vint supprimer, moins libéral encore que le texte de l'an
XIII, le droit de présentatation, que le Premier Empire
avait accordé. Cet état choses anormal, illogique, dura
plus de 25 ans. En **1873**, une loi du 24 mai fit bien entrer
dans la composition des commissions un élément nouveau,
l'élément de droit, les représentants des cultes ; mais elle
n'y admit aucun représentant de l'autorité locale.
Le vote du texte fut précédé de longues discussions.
On se trouvait en présence de deux projets, l'un d'initiative parlementaire, l'autre émanant du gouvernement.
De plus les deux projets, renvoyés à une commission
des institutions charitables, furent remaniés par elle,
pour aboutir à un système compliqué, qui distinguait entre les villes de plus de 100.000 habitants, les chefs-lieux
de département, d'arrondissement et de cantons d'une
part, et les autres communes. On introduisait dans la commission du bureau de bienfaisance une quantité de mem-
bres-nés, empruntés à la magistrature aux chabres de
commerce, aux cultes. A la troisième délibération devant l'Assemblée nationale ce système compliqué fit
place à des textes plus simples, qui devinrent la loi du 24
mai 1873. Abandonnant l'idée du gouvernement qui
avait voulu réunir, ce dont on ne saurait le blâmer, entre les mains d'une commission unique, les services
hospitaliers et ceux d'assistance à domicile, le législateur
institua à la tête de chaque service une commission com-

posée de cinq membres renouvelables, du maire et du plus ancien curé de la commune. Dans les communes où siège un conseil presbyteral ou un consistoire israélite, les commissions comprenaient en outre un délégué de ces conseils. De plus un décret spécial en Conseil d'Etat pouvait porter le nombre des membres de cinq à sept. Les membres renouvelables par cinquième étaient nommés par le Préfet, sur une liste de 3 candidats présentés par la commission. Ainsi, dans ces corps chargés d'administrer des établissements subventionnés par les communes, entretenus aux frais des habitants, soulageant les indigents d'une commune, c'est le pouvoir central, qui exerce la haute main. Singulièr contraste ! La loi cependant dura six ans, et ce n'est que le 5 août 1879, que fut voté le texte actuel. Sans donner complète satisfaction aux partisans de la décentralisation, c'est un premier pas dans le sens de la réforme.

La proposition de M. Plessier, qui fut le préliminaire de la loi nouvelle, procédait de deux idées : l'attribution à une déligation du conseil municipal de l'admitration des établissements de bienfaisance ; l'exclusion de l'élément de droit en d'autres termes, la laïsication de la commission.

Il fondait l'une sur l'impossibilité, pour un préfet, de connaître en chaque commune les personnes les plus aptes à remplir les fonctions d'administrateurs, ses choix devant être dès lors dictés par des influences occultes, politiques, toujours dangereuses. Il motivait l'autre sur l'antagonisme constant du maire et du curé dans la commission et sur le caractère de l'assistance publique, qui doit soulager le malheureux sans distinction de culte ni de parti.

On lui donna raison sur le deuxième point ; sur le premier, on hésita, on fit un compromis, on admit un moyen terme ; les commissions seront composées en principe de quatre membres nommés par le préfet, le nombre des délégués du conseil municipal restant fixé à deux (plus le maire, nommé par son conseil depuis 1882). Reproduisant la disposition antérieure, la loi permet d'augmenter le nombre des membres par un décret spécial rendu en Conseil d'Etat, dans toutes les communes où les besoins du service l'exigeront. Mais, dans ce cas, l'augmentation doit avoir lieu par nombre pair, afin que la moitié des membres supplémentaires soit élue par le conseil municipal et l'autre par le préfet. Les délégués du conseil restent en fonctions aussi longtemps que dure le conseil qui les a élus, et sont toujours rééligibles. Quant aux membres nommés par le préfet, ils le sont pour quatre ans et se renouvellent par quart. Enfin, si un membre doit être remplacé au cours de ses fonctions, le mandat du nouveau membre ne dure que le temps pour lequel était nommée la personne qu'il a remplacée.

Quant aux incapacités et aux incompatibilités, la loi de 1873 n'a réglé qu'un point : « ne sont pas éligibles, dit l'art. 4, dernier par., les personnes qui se trouveraient dans un des cas d'incapacité prévus par les lois électorales. » Mais tout électeur peut-il être nommé membre d'une commission de bienfaisance ? Le législateur n'en a rien dit ; la jurisprudence du ministère s'est chargée de régler cette question. Tout d'abord elle a édicté que les médecins des bureaux de bienfaisance, se trouvant placés sous l'autorité des commissions qui les nommaient, ne pouvaient être membres de ces commissions. Mais aujourd'hui cette incompatibilité ne paraît plus avoir sa raison d'être. Depuis la loi du 15 juillet 1893, la médecine gratuite ne dépend plus du bureau de bienfaisance. Deux systèmes peuvent être employés : ou bien nous aurons des médecins choisis, par le préfet, ou bien des médecins adhérents. Dans les deux cas, plus de nomination par la commission. Le motif disparaissant, l'incompatibilité ne doit plus subsister.

Une seconde incompatibilité est celle qui interdit de confier aux fournisseurs les fonctions d'administrateurs Ceux-ci seraient, en quelque sorte, juges et parties (circulaire du 26 sept. 1879).

En troisième lieu, par assimilation aux règles appliquées pour le conseil municipal, dans les communes de 500 habitants et au-dessous, ne pourront faire partie d'une même commission les parents au degré de père, de fils, de frère et les alliés au même degré.

Enfin la question s'est posée quant à l'adjoint chargé de remplacer à la présidence le maire empêché. Après variations, la jurisprudence du ministère décide qu'il ne doit pas être membre nommé, parce qu'il peut être appelé à suppléer le membre de droit.

Une dernière remarque à faire, c'est que la loi de 1873, modifiée en 1879, ne s'applique pas à la ville de Paris. Aux termes d'un décret du 12 août 1886, rendu en exécution de la loi du 13 janvier 1849, dans

chaque arrondissement une commission est instituée.
Elle se compose du maire de l'arrondissement, président de droit; des adjoints, membres de droit; de 12
administrateurs au minimum, d'un secrétaire trésorier,
qui a voix consultative dans les séances du bureau. Les
administrateurs sont nommés par le préfet de la Seine,
sur la proposition du directeur de l'Assistance Publique,
et choisis sur une liste triple de candidats présentés par
le maire de l'arrondissement. On répartit ces administrateurs en quatre séries, tour à tour renouvelées. Le
caractère de cette organisation, c'est de ne laisser aucune
place à l'élection.

En résumé, et pour terminer sur ce point, nous nous
trouvons aujourd'hui, quant à la nomination des commissaires des pauvres, en présence d'un système mixte.
C'est un progrès, mais le dernier pas dans la voie de la
réforme nécessaire n'est pas encore fait. L'assistance
communale, service local, doit être gérée par une administration issue des pouvoirs locaux. Comme on l'a
dit (1), « aujourd'hui que la France est rentrée dans ses
droits, après en avoir été violemment dépouillée par le
régime impérial, aujourd'hui que conseillers généraux,
d'arrondissement, municipaux, sont le produit de l'élection, et non plus les créatures du pouvoir, la raison veut
que les administrateurs de l'assistance publique aient une
origine analogue. Les conseils municipaux ne sont-ils
pas plus aptes que les préfets à choisir les plus dignes ? »
On objecte les haines locales. Mais la nomination par le

1. Rapport Plessier, 25 mars 1877.

préfet ne prête-t-elle pas à la même objection ? Ou bien
il écoutera l'avis du conseil et du maire ; alors, au lieu de
cette présentation officieuse, une nomination officielle
ne serait-elle pas plus pratique ? Ou bien, lui qui ne con-
naît pas à fond le pays, il subira des influences occultes
qui, la plupart du temps, ne s'inspireront que de considérations personnelles. Aussi l'étranger nous a-t-il
donné l'exemple ; en Allemagne, en Autriche, en Belgique, en Danemark, en Suède, dans le Luxembourg, en
Grèce, c'est le pouvoir communal qui désigne les commissaires des pauvres. Enfin si nous enlevons au préfet
l'action préventive, la nomination, nous laissons au pouvoir central les mesures répressives, individuelles (les
révocations), collectives (les dissolutions), dont nous allons nous occuper en examinant le fonctionnement de
nos bureaux.

Il reste toutefois à signaler une controverse qui se rattache indirectement à la question de nomination des administrateurs, celle relative à leur qualité. Doit-on les
considérer comme fonctionnaires publics ? Les auteurs
sont aussi divisés que la jurisprudence sur ce point ; la
définition du mot fonctionnaire est tellement difficile, que
beaucoup y ont renoncé, et se sont contentés de décisions d'espèces. Nous nous trouvons en présence de deux
tendances, celle des partisans du fonctionnarisme à outrance, qui le considère comme un bien, celle de ses adversaires qui cherchent au contraire à le restreindre. D'a-
près M. Hauriou, qui est de ces derniers, la fonction publique est tout mandat, conféré à une personne administrative, qui ne donne aucun droit de décision, par conséquent

ne donne pas le droit de faire des actes d'administration. Dès lors, nous ne comprendrons point parmi les fonctionnaires les membres des commissions de bienfaisance. Car ceux-ci administrent, leur nom même l'indique, et les actes nombreux de vie civile, sur lesquels ils délibèrent, en sont une preuve manifeste. On nous objecte le droit de nomination par le pouvoir central. Mais les officiers ministériels sont nommés par le chef de l'Etat, et ce ne sont pas des fonctionnaires. On nous oppose le droit de révocation, même réponse ; le droit de dissolution, l'argument porte moins encore ; il faudrait alors considérer les conseils généraux et municipaux comme des corps de fonctionnaires. Enfin le fonctionnaire n'est-il pas le délégué du pouvoir exécutif, possédant, si minime qu'elle soit, une certaine autorité sur les citoyens ; or, quelle autorité possèdent donc les membres des commissions de bienfaisance ?

Nous en concluerons, et c'est l'intérêt de la controverse, que ces administrateurs n'étaient pas protégés par l'art. 75 de la Constitution de l'an VIII ; que l'art. 6 de la loi du 25 mars 1822 ne leur est pas applicable, de même que l'art. 31 de la loi du 29 juillet 1881 (Cass. 23 mai 1862, Sirey, 62, 1, 1000).

Nous en concluerons en outre que les personnes chargées de mandats (électifs ou non), incompatibles avec des fonctions publiques, pourront faire partie d'une commission d'un bureau de bienfaisance. C'est ainsi qu'on ne pourrait attaquer, par exemple, la nomination d'un instituteur, quoique l'art. 25 de la loi du 16 octobre 1886 ait disposé que les fonctions administratives sont interdites aux maîtres de l'enseignement public.

Section II. — Fonctionnement des commissions.

Trois points à traiter ici : 1° le renouvellement ; 2° les sessions ; 3° la dissolution.

§ 1. — *Renouvellement.*

On a jusqu'en 1879 appliqué le renouvellement partiel. Aujourd'hui, les membres élus par le conseil municipal suivent le sort de cette assemblée. Les membres nommés par le préfet se renouvellent par quart. « Si le remplacement, ajoute la loi, a lieu dans le cours d'une année, les fonctions du nouveau membre expirent à l'époque où auraient cessé celles du membre qu'il a remplacé. » Il n'en a pas été toujours ainsi, et dans une circulaire du 13 février 1818, expliquant le décret du 7 germinal an XIII, nous trouvons ces mots : « Lorsqu'un membre est nommé pour remplacer un administrateur décédé ou démissionnaire, on ne doit point avoir égard, pour le premier, à la durée d'exercice que le membre remplacé avait encore à remplir ; on doit considérer le membre nommé comme s'il remplaçait un membre sorti pour cause d'ancienneté.

En deux cas, il y aura renouvellement total : 1° en cas de dissolution ; alors le ministre (remplaçant le préfet, art. 5) et le conseil municipal devront faire leurs nominations dans le délai d'un mois ; 2° au cas de changement de législation. C'est ainsi que se trouve dans la

loi du 5 août 1879 la disposition transitoire suivante :
« Le renouvellement total des commissions administratives sera effectué conformément aux dispositions de la
présente loi dans les six mois qui suivront sa promulgation. »

§ 2. — *Sessions et séances.*

La loi n'a pas déterminé l'époque et la durée des sessions, et c'est dans une circulaire du 31 janvier 1840
(*Bull. min. int.*, 1840, p. 362), qu'on lit ces mots : « Les
commissions administratives doivent se réunir en séance
ordinaire à des époques fixes. La présidence des séances appartient au maire ou à l'adjoint remplissant dans
leur plénitude des fonctions de maire. »

L'adjoint ne rentre en cette définition que s'il exerce
les fonctions de maire par intérim et non s'il les exerce
par délégation (Salva, *Régime légal des établissements
de bienfaisance*).

De plus, les commissions nomment, tous les ans, un
vice-président, et ce ne serait qu'à défaut du maire et du
vice-président qu'on déléguerait à leur place le membre
lesplus ancien, c'est-à-dire (d'après la *Revue des établissements de bienfaisance* de 1888, p. 384) celui qui, dans la
période de 5 ans, compte la plus ancienne nomination.
Si la commission avait été renouvelée intégralement, et
que tous fussent égaux en ancienneté, le bénéfice de
l'âge désignerait.

Quant à la question du quorum, une instruction ministérielle du 8 février 1824 la résout en ce sens : « les
membres des commissions administratives ne doivent délibérer qu'à la majorité des membres qui les composent. »

§ 3. — *Dissolution et révocation.*

Si les membres peuvent volontairement sortir de fonctions par démission, le ministre de l'intérieur peut, par une mesure individuelle (la révocation), par une mesure collective (la dissolution), sévir contre les administrateurs qui ne rempliraient pas, de façon convenable, la mission dont ils sont chargés. « En cas de dissolution ou de révocation, dit la loi de 1879, la commission doit être complétée ou remplacée dans le délai d'un mois. »

Section III. — Pouvoirs des commissions.

Au sujet de ces pouvoirs, une controverse s'est élevée sur la question de savoir si la loi du 7 août 1851 s'étendait aux bureaux de bienfaisance. L'intérêt est grand car, d'après ce dernier texte, toute une catégorie de délibérations est exécutoire par elle-même, sauf annulation dans un certain délai. Au contraire, si nous n'appliquons pas aux bureaux de bienfaisance la loi de 1851, nous nous voyons forcés d'appliquer les textes antérieurs : l'ordonnance du 31 octobre 1821, aux termes de laquelle toutes délibérations, hormis l'admission aux secours, sont soumises à l'approbation de l'autorité centrale ou du préfet, et l'ordonnance du 6 juillet 1846. M. Béquet (*Ass. publique*, p. 641), admet l'extension de la loi de 1851, mais son opinion nous paraît dénuée de tout fondement. Le titre de la loi : « loi sur les hospices et les hôpitaux », est contraire à toute assimilation et aucun des articles ne semble être entré dans cette voie. De plus, la circulaire ministérielle du 18 mai 1861 dit expressément, dans un de ses paragraphes, que la loi de 1851 s'applique « exclusivement » aux établissements hospitaliers. Que la solution soit regrettable, c'est possible, car la loi de 1851 est un pas dans la voie libérale, mais en présence des textes, il nous est impossible d'en admettre une autre.

On peut diviser les pouvoirs des commissions en deux groupes d'inégale importance. Dans le premier nous plaçons les droits de nomination et de présentation ; dans le second, les délibérations concernant les actes de la vie civile de l'établissement.

1° Pouvoirs de nomination et de présentation.

Tout d'abord les bureaux de bienfaisance peuvent nommer des commissaires-adjoints et des dames de charité, dont les fonctions gratuites consistent à visiter les pauvres et à s'assurer de la réalité de leurs besoins, à leur porter des secours. A Paris, la visite des pauvres est faite par de véritables fonctionnaires, nommés par le préfet de la Seine et rétribués.

De plus, la commission administrative désigne en principe les employés des bureaux, parmi eux le secrétaire. Cependant, à Paris, tous ces agents sont nommés par le préfet de la Seine, sur la présentation du directeur de l'Assistance publique.

Pour le receveur, la commission n'a qu'un droit de

présentation. Les médecins étaient choisis par la commission ; depuis la loi de 1893, les médecins ne se rattachant plus au bureau de bienfaisance, nous n'avons plus à nous en occuper ici.

2° Délibérations.

Etant donné que la loi de 1851, ainsi que nous l'avons démontré, ne s'applique pas aux bureaux de bienfaisance, nous devons, pour déterminer les pouvoirs et la force des délibérations des commissions administratives, nous en référer à l'ordonnance du 21 octobre 1821, et à celle du 8 novembre 1849. De plus, les deux décrets de déconcentration de 1852 et de 1861, s'ils n'ont pas modifié la législation antérieure quant à la force exécutoire des délibérations, ont innové en ce qui touche les autorités chargées de les approuver.

Une énumération serait fastidieuse ; d'ailleurs, à propos de chaque acte du bureau, nous étudierons les pouvoirs de la commission. Mais, dès à présent, il nous faut remarquer que la centralisation est ici poussée à outrance : absence complète d'indépendance, subordination absolue vis-à-vis du pouvoir central. Sans doute la commission règle seule la distribution des secours. Mais, pour tout le reste, elle est soumise à la nécessité de l'autorisation, sauf quelques exceptions : 1° L'art. 16 de l'ordonnance du 21 octobre 1821 dispose, en effet, que les réparations et les travaux dont la dépense n'excède pas 2.000 francs, sont dispensés d'autorisation préalable ; 2° L'article 6 de l'ordonnance du 2 avril 1817, dispose qu'aucune autorisation n'est nécessaire pour les placements en rentes sur l'Etat.

Et tandis que les délibérations des commissions hospitalières se divisent en deux groupes, les unes exécutoires, sauf annulation par le préfet dans le délai d'un mois, les autres soumises à l'approbation préalable, celles de nos commissions appartiennent toutes, en principe, à la dernière catégorie.

Une seconde différence entre les deux législations, c'est que nous constatons, pour les bureaux de bienfaisance seuls, une déconcentration au deuxième degré. Le décret du 13 avril 1861 a, dans un certain nombre de cas, attribué aux sous-préfets le pouvoir de tutelle. Ainsi, pour les établissements dont nous nous occupons, l'approbation sera donnée, tantôt par le chef de l'Etat (dans une hypothèse prévue par la loi, s'il s'agit d'un emprunt de plus de 500.000 francs, ou formant avec d'autres non remboursés un pareil total), tantôt par le préfet, tantôt enfin par le sous-préfet.

L'administration des bureaux de bienfaisance se résume donc en deux mots, la commission délibère et les agents du pouvoir exécutif approuvent. Mais entre la délibération et l'approbation, se place un acte intermédiaire, l'avis donné par le Conseil municipal en un certain nombre de matières. La loi de 1884, art. 70, cite les cas : règlement des budgets et des comptes, acquisitions, aliénations, emprunts, échanges, autorisations de plaider, transactions, acceptations de dons et legs. Jamais la loi ne parle d'avis conforme ; en un cas seulement,

C 5

l'avis non conforme modifie l'autorité chargée d'approuver la délibération des commissions. On peut regretter que le Conseil municipal n'ait pas une plus grande part dans l'administration des bureaux de bienfaisance. En somme, n'est-ce pas la commune qui fournit la plus grande partie des fonds nécessaires au service? Et quel est le rôle de ses représentants ! Il se réduit à donner des conseils, que le pouvoir central est absolument libre de ne pas suivre. Le Conseil municipal n'exerce aucune autorité active sur l'établissement chargé des secours, qui proviennent de sa caisse. Et on le met dans l'obligation ou de refuser sa subvention, ce qu'il n'ose faire dans l'intérêt de l'indigence, ou de l'accorder sans pouvoir régler l'emploi qu'il désirerait lui voir donner.

Quelque restreints que soient les pouvoirs des commissions administratives, ceux des bureaux de bienfaisance de Paris sont encore moins étendus. Le caractère de l'assistance publique dans la métropole en est la cause. Le service des secours publics y est réglé par la loi du 24 avril 1849 et par un règlement d'administration publique, rendu en exécution de cette loi, à cinquante ans de distance, le 12 août 1886. La différence capitale avec l'organisation de droit commun tient à la concentration des divers services d'assistance entre les mêmes mains. (C'est une réforme, dont le besoin s'est plus vivement fait sentir à Paris, qu'il serait désirable de voir réaliser dans toute la France). Dès lors, (1) « au lieu d'avoir une réunion de personnes morales, possédant

1. V. Feillet, *De l'Assistance publique à Paris* ; *Revue d'administration*, 1886, t. 8, p. 53.

chacune son administration propre, un budget particulier, des ressources parfois disproportionnées avec les
besoins auxquels elle doit satisfaire » on est en présence
d'une administration unique, disposant de ressources
considérables qu'elle peut répartir avec équité. Mais, à
la tête de cet organisme, et c'est là le point défectueux,
l'on a placé un fonctionnaire d'Etat, le directeur de l'assistance, nommé et révoqué par le Ministre, et qui
exerce seul l'autorité absolue. Sans doute il lui est adjoint un conseil de surveillance, comprenant des représentants des grands corps de l'Etat et de la ville ; sans
doute ce conseil a une haute autorité morale, mais il ne
donne que des avis et n'a pas l'initiative. Dans chaque
arrondissement est organisé un bureau de bienfaisance.
Quel est son rôle, sa personnalité ; comment se ratta-
che-t-il à l'administration générale de l'assistance ? Au
fond, les bureaux parisiens ne sont que des circonscriptions administratives du service général. On s'est trouvé,
toutefois « dans la nécessité de lui donner une certaine
autonomie, car il a fallu tenir compte des habitudes de
la charité privée qui secourt plus volontiers les misères
les plus proches. » Aussi leur a-t-on attribué le droit de
faire des quêtes, des collectes, d'établir des troncs, de
dresser leur budget, de constituer des maisons de secours. De plus le Conseil d'Etat, par un avis du 8 mars
1890, paraît décider que les bureaux de bienfaisance
peuvent accepter des dons et legs.

1. V. Feillet, *op. cit.* ; *Revue des Etablissements de bienfaisance*, 1890, p. 170.

CHAPITRE III

ACTES DE LA VIE CIVILE DES BUREAUX DE BIENFAISANCE

L'établissement que nous étudions forme un service public et une personne morale, nous l'avons dit au début. A ce double titre, il accomplit un certain nombre d'actes, qui constituent sa vie civile ; pour chacun, nous devons rechercher les formalités à suivre, et nous terminerons en disant quelques mots des constestations qui naîtront à l'occasion de tous.

Section I. — Actes concernant le service public.

§ I. — *Du règlement intérieur.*

Le premier devoir, pour une commission administrative, c'est d'organiser son service. Les règles, à cet effet, seront édictées dans un règlement, approuvé par le sous-préfet (décret du 13 avril 1861). Ces règlements fixent le nombre des employés et gens de service de toute sorte, le nombre de sœurs attachées au service des secours à domicile, le mode de distribution, les conditions exigées pour y participer, les mesures destinées à constater les opérations des bureaux. Tous ces détails sont donnés dans une circulaire du Ministère de l'intérieur, que nous aurons souvent à citer, celle du 18 mai 1861 (*Bulletin* 61, p. 174). Elle justifie la nécessité d'un règlement par les mots suivants : « Il importe qu'un règlement soit dressé dans tous les établissements ; une bonne administration s'impose toujours des règles, et les indigents sont aussi intéressés à les connaître que les commissions administratives à les appliquer. »

§ II. — *Des marchés de travaux et de fournitures.*

La pratique administrative, à défaut d'un texte, a défini les travaux publics : ceux qui sont exécutés dans l'intérêt des divers services publics. Les constructions et réparations arrêtées par délibération de la commission de bienfaisance ayant formellement ce caractère, nous appliquerons donc en principe en notre matière les règles des travaux publics, et en particulier la compétence administrative.

Avant d'étudier dans le détail la procédure à suivre pour l'exécution d'un travail reconnu nécessaire, il faut se préoccuper du point de savoir quel sera, à cet égard, la force exécutoire des délibérations de la commission.

La loi de 1851 ne s'étendant pas aux bureaux de bienfaisance, ceux-ci restent régis par l'ordonnance du 31 octobre 1821, aux termes de laquelle les commissions peuvent ordonner, sans autorisation préalable, les réparations et autres travaux dont la dépense n'excède pas 200 francs. C'est dire que pour tous autres, l'approbation est nécessaire. Le § 48 du tableau A du décret du 25 mars 1852, a donné au préfet le droit d'approuver en tous cas, les devis de travaux des établissements de bienfaisance. Auparavant et d'après l'article 1ᵉʳ de l'ordonnance du 6 juillet 1846, on distinguait entre le cas où la dépense excédait 30,000 francs, et celui où elle était moindre. Dans le premier cas, on soumettait le projet au Ministre, dans le deuxième au préfet. La circulaire du 5 mai 1852 recommande à ces fonctionnaires de faire vérifier avec soin, par des hommes de l'art, les plans soumis, « de prendre à cet effet, l'avis de la commission d'architecture établie près de leur administration », de n'approuver les plans et devis que lorsque les voies et moyens d'exécution sont réalisés ou du moins complètement assurés.

A cet effet, les plans et devis seront accompagnés des pièces nécessaires pour établir la situation financière du bureau, des cahiers des charges et des conditions de l'adjudication.

En résumé, les pouvoirs des commissaires du bureau de bienfaisance sont moindres ici que ceux de leurs collègues des hospices. Ils ne règlent définitivement que les travaux exigeant une dépense de moins de 200 fr. Pour les hospices, la délibération est réglementaire pour tous travaux ne coûtant pas 3,000 francs et les travaux d'entretien n'excédant pas une année.

Quand un travail est nécessaire au service public, quelle procédure va-t-on suivre? Tout d'abord il sera l'objet d'études par des architectes choisis par les représentants légaux de l'établissement. On admet que les honoraires sont librement débattus par ces derniers. Les plans et devis déterminés, un cahier de charges dressé, la commission délibère, le préfet approuve ou refuse, s'il approuve on met le travail en adjudication.

En principe, l'adjudication a lieu « avec concurrence et publicité », suivant les termes de l'ordonnance du 14 novembre 1837, qui s'applique aux établissements de bienfaisance. Nous suivrons donc ici les principes admis en matière de travaux communaux; nous ne pouvons retracer ces règles en détail. Qu'il nous suffise de signaler la possibilité d'un marché de gré à gré en certains cas énumérés par l'article 3 de l'ordonnance, la nécessité d'un avis préalable publié par affiches et autres moyens ordinaires, l'existence d'un cahier des charges, les restrictions à la concurrence comprenant le certificat de capacité et le dépôt de garantie. Aux termes de l'article 3 du décret du 10 brumaire an IV, l'adjudication se fait en présence du Préfet, du Sous-Préfet ou du Maire, en suivant le mode du rabais. Des soumissions cachetées ont été déposées par les entrepreneurs concurrents au secrétariat de l'adjudication. Le bureau juge de l'admission à l'adjudication, puis on ouvre les soumissions, on les compare au minimum de rabais, indiqué d'avance dans un pli cacheté déposé sur le bureau par les représentants de l'établissement. L'adjudication est prononcée au profit du soumissionnaire qui a fait l'offre la plus avantageuse. Et, si plusieurs soumissions contiennent l'offre d'un même rabais, il est procédé, séance tenante, à une adjudication nouvelle, soit par de nouvelles soumissions, soit à l'extinction des feux. Enfin on dresse un procès-verbal qui va être soumis à l'approbation du préfet (§ 55, t.

A, décret de 1852). Ce dernier acte a d'autant plus d'importance que le contrat entre l'établissement et l'adjudicataire ne devient définitif à l'égard de l'établissement que du jour où l'adjudicataire a reconnu avoir reçu communication de l'approbation (1). Notons, pour terminer sur ce point, qu'un cautionnement (ordinairement le dépôt de garantie de l'adjudicataire) est versé, qui garantit l'exécution du cahier des charges et répond des conséquences de la folle enchère à laquelle on pourra être forcé de recourir, si l'entrepreneur ne remplit pas ses engagements.

En principe, les marchés de fournitures suivent les mêmes règles que ceux dont nous venons de parler. Il existe quelques points spéciaux cependant. D'abord l'administration tolère l'achat par les commissions, en vertu des allocations du budget *approuvées par elle*, des objets de consommation et des fournitures ordinaires, pourvu qu'il y ait adjudication publique (Circulaire du 18 mai 1861). Ensuite les fournisseurs soumissionnaires, ici, doivent justifier de leur capacité en produisant des certificats de commerçants connus, constatant qu'ils exercent le commerce dans les attributions duquel rentre la fourniture. Et, en ce qui concerne les denrées, l'administration a pour habitude de demander des échantillons de produits et de les faire examiner par experts. En troisième lieu, c'est d'après la loi du 16 messidor an VII que la commission administrative procède aux adjudications. Enfin la compétence est différente. Les marchés de fournitures

1. V. Durieu et Roche : *Fournitures.*

relèvent des tribunaux judiciaires, tandis que les marchés de travaux sont de la compétence administrative.

§ III. — *Traités avec des congrégations religieuses.*

Les commissions peuvent traiter avec des congrégations hospitalières pour la visite des pauvres et les soins à leur donner. Le traité, délibéré, sera transmis au préfet pour approbation. On s'était demandé si, depuis 1852, le pouvoir central devait ici intervenir. A propos d'un traité concernant un hospice de Dieppe, le Ministre de l'intérieur, par une décision, qui sans aucun doute doit être étendue au bureau de bienfaisance, a émis l'opinion que le préfet seul avait qualité dans cette hypothèse, l'approbation des traités ne faisant pas partie des actes réservés au Gouvernement par le § 54, t. A, du décret du 25 mars 1852 (1). (*Bull. off.*, min. int., 54, p. 125.) Dans un modèle, recommandé par le Ministre (circulaire du 26 septembre 1839`, nous trouvons les clauses suivantes : La supérieure rendra compte de l'emploi des sommes qu'elle recevra pour les besoins des pauvres. Les sœurs hospitalières seront placées, quant aux rapports temporels, sous l'autorité de l'administration charitable, et tenues de se conformer aux lois, décrets, ordonnances et règlements généraux qui régissent l'administration des établissements de bienfaisance. Elles seront logées, blanchies, chauffées et éclairées aux frais de l'administration. A cet effet, l'administration leur fournira une maison convenable, et leur paiera par trimestre une

(1) *Journal de droit administratif*, t. II, p. 269.

certaine somme. Les sœurs malades sont présumées avoir contracté leurs maux en donnant des soins aux indigents. Aussi « elles seront soignées aux dépens de l'administration, et lorsqu'elles deviendront infirmes, elles continueront à être logées et soignées, si elles comptent dix ans de services en des établissements charitables. » On trouve encore dans ce modèle une clause assez curieuse : Les sœurs ne rendront point leurs services aux femmes ou filles de mauvaise vie, ou qui seraient atteintes du mal qui en procède. Enfin le traité sera essentiellement révocable ; la notification de la rupture devra être faite quatre mois d'avance.

Section II. — Actes concernant le patrimoine.

§ I. — *Actes de gestion. — Baux, assurances, bois et forêts.*

1° *Baux.* — Le bail est la règle, et les bureaux ne peuvent exploiter eux-mêmes qu'en vertu d'un arrêté préfectoral. L'art. 1712 du Code civil dispose, que les baux des établissements publics sont soumis à des règles particulières. Où trouver ces règles ? Dans l'arrêté du 7 germinal an II, le décret du 12 août 1807 et les ordonnances du 31 octobre 1821, 6 juillet 1846, les décrets de déconcentration de 1852 et de 1861.

Il faut distinguer entre les baux de moins de 18 ans, et ceux d'une durée supérieure. 1° Au point de vue de l'approbation à donner à la délibération : au premier cas, un arrêté du sous-préfet suffit (décret du 13 avril 1861); au second, on exige l'autorisation du préfet, avec l'avis du Conseil municipal. 2° Au point de vue de la forme. Pour les premiers, la commission dûment autorisée choisit entre l'adjudication par devant notaire ou le bail de gré à gré passé devant un notaire ou en la forme administrative. Pour les seconds, l'adjudication est toujours nécessaire. Elle est ordinairement précédée d'une enquête *de commodo et incommodo* et d'affiches. Elle est passée devant un notaire désigné par le préfet, en présence d'un membre de la commission administrative, et du receveur de l'établissement. Les membres de la commission ne peuvent se rendre adjudicataires (*Journal des conseils municipaux*, 1888, 234). Enfin, d'après un arrêt de la Cour de cassation du 18 août 1839 (S. 39, 1, 832), l'enchérisseur devient irrévocablement adjudicataire, si son enchère n'est pas couverte. « Il n'est pas nécessaire qu'il ait signé le procès-verbal d'adjudication. »

Ces baux administratifs produisent les effets de droit commun. Le bailleur, personne administrative, doit faire jouir le preneur ; le preneur doit acquitter le prix et les charges accessoires. Il doit jouir en bon père de famille et remplir les obligations consacrées par le cahier des charges. Au cas de non-exécution, il peut y avoir résiliation. Si elle est provoquée par l'administration, la délibération doit être approuvée par le préfet. La circulaire du 18 mai 1861 décide en effet que le pouvoir d'autorisation n'a été transporté au Sous-Préfet qu'en ce qui touche les conditions primitives des baux de 18 ans et au-dessous : « la modification ne s'étend pas aux modérations et résiliation de ces baux, qui continuent à être approuvés par le préfet.

Enfin, quel est le juge compétent pour trancher les contestations entre les deux parties ? C'est le tribunal civil. Les biens qui forment le domaine privé des bureaux de bienfaisance sont, comme ceux de l'État, des départements et des communes, des propriétés régies par la loi. « Les conventions, dit M. Laferrière, *Jurisprudence administrative*, t. I, page 535, faites à leur occasion, ne diffèrent pas, quant à leur nature juridique, de celles que peut faire un simple citoyen ; elles sont l'exercice des mêmes droits et relèvent des mêmes juges. »

2° *Assurances*. — Il est un acte de bonne gestion que doivent accomplir les commissions, j'entends parler des assurances. Les préfets, d'après la circulaire du 10 avril 1852, doivent inciter les administrations charitables à assurer les bâtiments et mobiliers confiés à leur soin et veiller à ce qu'elles ne traitent qu'avec des compagnies qui offrent toutes garanties. Des circulaires précédentes avaient distingué entre les assurances mutuelles et les assurances à prime, en interdisant les premières. Dès avant 1852, la distinction avait cessé d'être faite par l'administration. Depuis 1861, ce sont les sous-préfets qui sont compétents pour approuver les polices, mais les auteurs décident qu'en cas de sinistre l'indemnité doit être réglée définitivement par le préfet.

Notons pour terminer que les bois appartenant aux bureaux de bienfaisance sont soumis au même régime que les bois des communes et qu'on leur appliquera les règles spéciales dans le détail desquelles nous ne pouvons entrer.

§ II. — *Actes de disposition. Acquisitions, aliénations, échanges.*

Toute la théorie des actes de disposition est dominée par une idée de défaveur envers les acquisitions immobilières. Nous en trouvons la preuve dans la circulaire du 10 avril 1852. D'après le Ministre, les acquisitions immobilières ont l'inconvénient de constituer des placements peu productifs, grevés de charges annuelles et se résolvant parfois en non-valeurs. « Le placement en rentes semble préférable comme offrant l'avantage d'un revenu fixe et régulier affranchi de tous frais. » Etait-ce bien dans l'intérêt des établissements charitables que le Ministre parlait ainsi? Il est permis d'en douter et de croire qu'il s'agissait de faire monter les rentes en leur créant des acheteurs malgré eux. Quoi qu'il en soit, l'opinion du Gouvernement est restée la même, et la jurisprudence du Conseil d'Etat l'encourage, en étendant aux établissements de bienfaisance la règle, adoptée pour les établissements ecclésiastiques qui subordonne l'autorisation d'accepter les libéralités à la vente des immeubles légués ou donnés et à leur conversion en rentes.

Cette observation générale une fois faite, étudions particulièrement chaque acte de la commission.

1° *Aliénations.*

Elles seront volontaires ou forcées. Dans cette dernière catégorie se rangeront d'abord les expropriations de biens des établissements de bienfaisance ; doit-on étendre à cette forme les prescriptions de l'article 70 de la loi du 5 avril 1884 sur la nécessité d'un avis du Conseil municipal. J'incline pour l'affirmative, en m'appuyant sur la généralité du texte, d'autant plus que le préfet, en qualité de représentant de l'État et du département, faisant une offre et devant approuver la délibération de la commission à ce sujet se trouve à la fois juge et partie. Sans doute, l'avis du Conseil ne le liera pas ; mais il pourra lui servir d'avertissement, pour lui faire étudier plus amplement la question, si les représentants locaux ne s'étaient pas déclarés favorables.

Il pourra y avoir vente forcée de même, au cas de poursuite après condamnation, et pour l'exécution de cette condamnation. Mais ici les bureaux de bienfaisance jouissent du même privilège que les communes. C'est-à-dire que le créancier poursuivant ne pourra user de son titre judiciaire qu'après avoir obtenu la permission de l'autorité administrative. Nous nous appuyons, pour statuer ainsi sur l'article 2 de l'ordonnance du 6 juillet 1846: « La vente des biens mobiliers et immobiliers de ces établissements (les établissements de bienfaisance), autres que ceux qui servent à un usage public pourra, sur la demande de tout créancier, porteur d'un titre exécutoire, être autorisée par une ordonnance du roi, qui déterminera les formes de la vente. » Notons ici qu'à l'heure actuelle, et suivant la théorie admise, le décret d'autorisation ordonnera toujours l'aliénation des immeubles avant celles des rentes.

Les ventes volontaires, depuis l'an V, sont soumises naturellement à la règle de l'autorisation. Distinguons entre les aliénations d'immeubles à titre onéreux et les aliénations de meubles. Dans le] premier cas, l'autorité chargée de donner cette autorisation a changé. Par assimilation à la commune, en vertu de la loi du 2 prairial an V, l'établissement de bienfaisance ne pouvait vendre qu'autorisé par une loi. Toutefois on se contentait d'un décret, pendant l'intervalle des sessions du pouvoir législatif. A partir de 1811, en toutes hypothèses, n'intervint qu'un décret et cet usage fut consacré par l'ordonnance du 31 octobre 1821. Depuis 1852, un simple arrêté préfectoral suffit. (Décret du 25 mars, t. A, 41°). Toutefois, l'ancienne formalité du décret subsiste pour l'aliénation des bois des bureaux de bienfaisance (Avis du C. d'État du 11 nov. 1852, s'appuyant sur le Code forestier et l'ordonnance de 1827, qui attribuent au chef de l'État les décisions quant aux bois soumis au régime forestier.

En fait, les aliénations d'immeubles provenant de l'initiative de la commission, et rentrant dans le domaine du § de 1852 précédemment cité, seront rares, à l'heure actuelle, étant donné la théorie de l'administration. La vente ordinairement ne sera pas purement volontaire, elle formera la condition d'une autorisation d'accepter un don ou un legs immobilier, et sera imposée par le pouvoir, chargé ici de la tutelle. Quoi qu'il en soit, quelles seraient les formalités ? Nous appuyant sur la circulaire du 10 avril 1852, et les modèles annexés, nous citerons une expertise faite par un homme de l'art désigné par le préfet, une enquête, l'avis du Conseil municipal ; on produira un cahier des charges, le budget de l'établissement, et l'avis du sous-préfet. Le Préfet statuera sur ces pièces. C'est l'adjudication devant un notaire désigné qui est la règle et l'usage. Toutefois, une vente à l'amiable pourrait être autorisée, si elle présentait des avantages pour l'établissement, si un propriétaire voisin, désireux d'agrandir son immeuble, faisait d'excellentes offres, et l'on pourrait passer l'acte en la forme administrative.

Une question s'est posée, celle de savoir si le procès-verbal de l'aliénation devait être transmis au préfet. Un décret du 6 juillet 1863 avait décidé que l'exécution des actes de vente de biens communaux adjugés aux enchères publiques n'étant subordonnée par aucune loi à l'approbation de l'autorité préfectorale, la clause habituellement insérée dans les cahiers des charges pour lui réserver cette approbation est inutile et sans valeur. Des objections ayant été soulevées, s'appuyant principalement sur ce que les receveurs des finances pourraient ne plus avoir en temps utile connaissance des sommes à recouvrer au profit des communes, une circulaire du 27 octobre 1864 (1) prescrit d'adresser en notre espèce deux copies du procès-verbal d'adjudication, l'une au receveur des finances, l'autre au préfet, et applique la règle aux bureaux de bienfaisance. Signalons en passant l'assimilation qu'on a faite des administrateurs aux tuteurs d'incapables, et la défense

1. 27 oct. 1864, *Bulletin*, 1864, p. 292.

de se rendre adjudicataires des biens des bureaux, qui
en est la conséquence. Toutes difficultés relatives à
l'acte dont nous parlons relèvent des tribunaux judiciaires. Les bureaux de bienfaisance agissent, en alié-
nant, en tant que personnes privées, et il n'y a aucune
raison pour attribuer aux juridictions administratives
une compétence exceptionnelle, en cette hypothèse.
Toutefois, si la contestation mettait en question les
actes de tutelle, qui ont précédé ou suivi la vente, elle
relèverait du contentieux administratif (Cassation, 4
mars, 1857, S. 57, 1, 533).

Le prix est perçu par le receveur de l'établissement et
doit être employé à l'acquisition de rentes.

Telles sont les règles appliquées aux aliénations immobilières ; quant aux ventes de meubles, il faut distinguer si elles concernent des rentes ou d'autres meubles.
Pour les premières, c'est le préfet qui statue après
enquête ; mais le Gouvernement lui recommande « de
n'autoriser que s'il s'agit de combler un excédent de
dépenses ou de former les capitaux nécessaires à l'acquisition d'un immeuble à affecter au service public (1) »,
et de n'accorder la permission, que s'il n'existe pas d'immeubles susceptibles d'être vendus. L'opération est
effectuée par l'entremise d'un agent de change.

Pour les secondes (elles seront fort rares), le sous-
préfet a reçu un pouvoir de tutelle de l'article 6, n° 17
du décret du 13 avril 1861 (2). Elles doivent être,

1. Circulaire de 1852, précitée.
2. *Bull.*, 1861, p. 174.

C   6

suivant nous, précédées d'un avis du Conseil municipal.

2° *Echanges.* — L'échange est peu fréquent. La circulaire précitée de 1852 recommande aux préfets de ne l'autoriser que s'il présente « une utilité incontestable ». Les règles de formes et d'autorisations exposées pour la vente sont applicables à l'échange, le modèle annexé à la susdite circulaire parle d'une soumission de l'échangiste, qui doit être adressée aux préfets en plus des autres pièces.

3° *Acquisitions.*

Immobilières, elle seront rares, il faudra qu'il s'agisse de l'agrandissement d'un domaine, par exemple. Elles seront réalisées par acte authentique, devant un notaire, par acte sous seing privé, en la forme administrative, ou par suite d'un jugement d'adjudication. Elles sont précédées d'une estimation par voie d'expert, d'une enquête et d'un avis du Conseil municipal. La question la plus importante qui se soit posée à ce propos, est relative à la purge des hypothèques inscrites ou non sur l'immeuble acquis. Aux termes de l'ordonnance du 23 avril 1823, rendue applicable aux établissements de bienfaisance par celle du 22 janvier 1831, le prix des immeubles acquis par les communes ne pouvait être payé avant l'accomplissement des formalités de purge, et cela en toute hypothèse. Mais souvent, les frais égalaient presque le prix d'acquisition ; de là des réclamations ; de là, la disposition de l'article 19, § 2, de la loi du 3 mai 1841, dispensant les communes des formalités susdites, quand l'indemnité était de 500 francs et au-dessous. L'ordonnance du 18 avril 1842 ajouta (article 1ᵉʳ), qu'en toute acquisition, si le prix n'excède pas 100 francs, le maire, autorisé par délibération du Conseil approuvée par le préfet, pourra se dispenser de purger les privilèges et hypothèques. Ce ne fut pas assez, et en 1866, le 14 juillet, un nouveau décret dispensa, sous les mêmes conditions de l'application des art. 2183 à 2186, 2194 et 2195 du C. civil, les acquisitions à l'amiable, d'un prix inférieur à 500 francs. Le texte ne s'appliquait qu'au communes, un avis du C. d'État du 31 mars 1869 refusa de l'étendre aux bureaux de bienfaisance. Il fallut un décret spécial, rendu le 7 juin 1875. Il est ains conçu: Les présidents des commissions administratives (des hospices) et autres établissements publics de bienfaisance pourront (ce n'est qu'une faculté), s'ils sont autorisés à cet effet par délibération de ces commissions, approuvées par le préfet, se dispenser de remplir les formalités de la purge des hypothèques, lorsqu'il s'agira d'acquisitions d'immeubles faites à l'amiable ou en vertu de la loi du 3 mai 1841, (car les bureaux de bienfaisance exproprient par l'intermédiaire des communes), et *dont le prix n'excèdera pas 500 francs.*

4° *Placement de fonds.*

En principe, les placements doivent se faire en rentes sur l'État. La circulaire du 10 avril 1852, après avoir exposé que les acquisitions immobilières « ont l'inconvénient de constituer des placements peu productifs, grevés de charges annnelles et se résolvant parfois en non-valeurs, ajoute : Le placement en rentes semble préférable, comme offrant l'avantage d'un revenu fixe et régulier affranchi de tous frais. Mais le Ministre semble en faire un moyen *exclusivement obligatoire*. Or son opinion est contredite par un décret du 28 février 1852, qui, dans son article 46, dispose que les capitaux disponibles appartenant aux établissements publics ou d'utilité publique peuvent être employés en achat de lettres de gage des sociétés de crédit foncier. Du reste, la jurisprudence ministérielle a vite changé, puisque à propos du décret du 13 avril 1861, la circulaire du 18 mai s'exprime ainsi : En vertu de l'article 6 de l'ordonnance du 2 avril 1817, les bureaux de bienfaisance ont le droit, sans autorisation préalable, de placer en rentes sur l'État leurs fonds libres. Le pouvoir donné aux sous-préfets ne s'applique donc qu'aux placements *d'une autre nature*, tels qu'obligations et actions industrielles. Donc l'administration supérieure admet, que « des valeurs mobilières autres que des rentes sur l'Etat peuvent être acquises par les établissements de bienfaisance.

En résumé nous dirons : 1° que le placement en rentes sur l'Etat n'est pas exclusivement obligatoire, surtout depuis la loi du 9 avril 1881, qui a donné aux bureaux de bienfaisance la faculté de déposer leurs fonds à la Caisse d'épargne postale, jusqu'à concurrence de 8.000 francs, avec approbation du Ministre : 2° que, l'ordonnance du 5 avril 1817 n'étant pas abrogée, le décret du 13 avril 1861 n'ayant fait que déconcentrer pour certaines affaires, les commissions administratives statuent définitivement sur les placements en rentes. On ne voit pas d'ailleurs pourquoi on exigerait une autorisation, le pla-

cement en rentes étant recommandé par le gouvernement lui-même.

Remarquons en terminant que ces questions ne se po-
sent que pour l'utilisation des fonds libres, celle des capitaux légués étant toujours réglée par le décret qui donne
l'autorisation de recevoir.

Section III. — Des dons et legs.

Des controverses fort vives s'étant élevées à propos
de ce mode d'acquérir, il est utile d'en traiter en une
section distincte. Le principe, qui domine la matière, est
la nécessité d'une autorisation du pouvoir central, ou de
ses délégués, commune à nos bureaux de bienfaisance
et à tous établissements publics et d'utilité publique.
Point n'est besoin de développer ici les motifs qui ont
de tous temps, sous l'ancien régime comme à l'heure
actuelle, dicté cette règle ; nous renvoyons aux traités
généraux et nous étudierons successivement la capacité
des bureaux et son étendue, l'instruction des affaires,
l'autorisation d'accepter les règles d'acceptation.

1º *Capacité.*—Deux conditions : Il faut que l'établissement ait l'existence légale ; il faut que l'accomplissement
de la libéralité rentre dans la mission du bureau. A propos
de l'existence légale, une première controverse s'était
élevée sur le point de savoir quelle est la valeur d'un
legs fait à un établissement non reconnu, à un bureau

de bienfaisance non créé. La controverse était générale, mais, avant 1893 elle présentait un grand intérêt en notre espèce ; depuis la loi de 1893 elle n'en présente plus, et nous ne l'exposerons que pour mémoire (1).

Trois systèmes se sont produits ; suivant un premier, le legs est nul et restera nul (voir les arguments à l'appui de cette opinion, M. Alfred Gauthier, *Revue Critique,* 1877, p. 145) ; d'après un second, celui de la Cour de Cassation, l'établissement non encore créé ne peut recueillir les legs faits directement en sa faveur, mais aucune loi ne s'oppose à ce que cet établissement, une fois autorisé, puisse réclamer l'exécution d'une charge imposée à son profit à un légataire capable, sous la condition exprimée ou sous-entendue et acceptée par le légataire capable, que la charge n'aura d'effet qu'à partir du moment où l'établissement aura acquis une existence légale (Req. 21 juin 1870, D. 71, 1, 97) ; Demolombe, t. XVIII, n° 588 et s. ; Aubry et Rau, t. VII, § 649. Une troisième opinion, développée par M. de Marguerie (*Revue critique,* 1878, p. 513), et adoptée aujourd'hui par le Conseil d'Etat, soutient que le legs est valable, sous condition de la reconnaissance légale de l'établissement obtenue ultérieurement. Telle est la controverse. Nous disons qu'aujourd'hui elle ne peut plus s'élever en matière de bureau de bienfaisance. En effet, nous avons déjà démontré que, depuis la loi du 15 juillet 1893, le bureau de bienfaisance est virtuellement conçu, que s'il ne fonctionne pas réellement partout, c'est qu'il lui man-

1. V. pour le surplus Tissier, *Des dons et legs aux établissements publics et d'utilité publique.*

que les ressources nécessaires ; mais s'il est conçu, il peut recevoir ; s'il existe à l'état latent en quelque sorte, il ne demande qu'à vivre, et ce qui le fera vivre, c'est précisément cette libéralité, qu'on adressera aux pauvres de sa commune.

Le représentant des pauvres d'une commune est, en effet, le bureau de bienfaisance ; une deuxième controverse s'était élevée à ce sujet, et, pour la résoudre, on distinguait entre deux hypothèses : celle où il existait un bureau de bienfaisance dans la commune, celle où le service des secours à domicile n'était pas encore légalement organisé. Dans le premier cas, la jurisprudence administrative avait décidé, après variations, que le représentant légal des pauvres, c'est le bureau de bienfaisance ; dans ce cas, l'opinion générale reconnaissait au maire cette qualité, en vertu de l'article 3 de l'ordonnance du 2 avril 1837, et l'on admettait de plus que le maire acceptait, en cette hypothèse, au nom des pauvres, et non au nom de la commune ; qu'il ne fallait pas en conséquence obtenir auparavant une délibération conforme du Conseil municipal. Pour les raisons exposées plus haut, la distinction n'existe plus, et nous n'avons à traiter que le premier point : le bureau de bienfaisance est-il le représentant légal et unique des pauvres d'une commune ?

Qu'il soit le représentant légal, le représentant *de droit commun*, pas de doutes sérieux, qu'il soit le représentant *unique*, grave controverse.

Exposons d'abord les variations de la jurisprudence administrative à ce sujet. La question s'est posée, dans la pratique, à propos de fabriques catholiques, chargées

de recueillir un don ou un legs au profit des pauvres.
Plusieurs systèmes ont été émis par le Conseil d'Etat. Le
premier est dénommé celui de l'acceptation conjointe.
Il résulte d'un avis du 4 mars 1841, et peut se résumer
ainsi : Si un legs est fait à un établisssement public,
dans l'intérêt d'un service qui rentre dans les attributions d'un autre établissement, le gouvernement autorise
conjointement l'établissement institué et l'établissement
chargé du service doté. Toutefois le 30 décembre 1846,
le Conseil d'Etat émettait un autre avis qui « sous prétexte de préciser les effets de l'acceptation conjointe, lui
assignait, d'après M. Tissier, une portée toute différente :
l'établissement bénéficiaire devait avoir la propriété,
l'établissement institué, la surveillance. Ce système, en
lui-même, semble peu logique, qu'est-ce qu'une propriété surveillée, ce n'est plus une propriété, car le droit
de propriété en renferme trois autres : le *jus fruendi*, le
jus utendi, le *jus abutendi*. Aussi la jurisprudence administrative fut-elle encore une fois modifiée par deux avis
des 24 janvier et 10 juin 1863. Le premier a pour but
d'étendre aux dons la théorie appliquée jusque là aux legs
seulement ; le second, c'est le plus important au point
de vue juridique, renversait le principe admis en 1846 et
décidait que l'inscription des titres de rente ou de propriété comprendrait les noms réunis des deux établissements, par conséquent l'acceptation conjointe avait pour
résultat l'immatriculation conjointe. On a objecté avec
raison que si l'un des établissements était incapable,
parce qu'il n'était légataire désigné, l'autre étant incapable aussi, parce qu'il n'avait pas dans ces attributions le

service intéressé, leur réunion ne pouvait former un être capable de recevoir la libéralité. « Deux zéros additionnés donnent un zéro » (1). Aussi les tribunaux civils ont-ils résisté, et le Conseil d'Etat lui-même a-t-il, au bout de quelques années, réformé sa jurisprudence. Par ses avis des 6 mars et 24 juillet 1873, le Conseil d'Etat décidait que les fabriques pouvaient recueillir seules les libéralités ayant une destination charitable. Toutefois, s'il s'agissait d'une fondation perpétuelle, il convenait, tout en autorisant la fabrique à immatriculer le titre en son nom, d'autoriser le maire à accepter le legs en faveur des pauvres, et d'ordonner qu'un duplicata du titre lui sera délivré. « Cette mesure, sans lui donner un moyen de contrôle sur l'emploi que la fabrique fait des revenus mis à sa disposition, lui permettra de s'assurer si le capital de la fondation est conservé. » On s'appuyait sur l'article 75 du décret du 30 sept. 1809, qui attribuent aux fabriques l'administration des aumônes ; mais cette doctrine était absolument contraire au principe de la spécialité qui a définitivement appliqué par l'avis des 7 et 13 juillet 1881, revenu au point de départ, à la théorie de 1836, à la véritable théorie.

D'après ces avis, les fabriques n'ont pas qualité pour recevoir dans l'intérêt des pauvres, car les établissements publics ne sont aptes à recevoir et à posséder que dans l'intérêt des services qui leur ont été *spécialement* confiés par les lois et dans les limites des attributions qui en dérivent. La personnalité civile pour les fabriques comme

____

1. V. Tissier, *op. cit.*, p. 189.

pour les autres établissements est essentiellement relative. C'est pour accomplir une fonction administrative
que la vie civile leur a été donnée ; au delà de cette
fonction, ils ne peuvent rien, ils n'ont droit à rien, ils
ne sont rien » (1). On répond, le décret de 1809
charge les fabriques de la distribution des aumônes.
C'est vrai, mais reste à savoir, si le mot aumône ne
signifie pas : libéralité faite pour le besoin du culte ?
Or tout le démontre : le but de l'institution des fabriques, le sens du mot dans l'ancien droit, sa place dans
l'article à côté des biens, rentes et fonds affectés à
l'exercice du culte, le silence de l'article 36 du décret, en
ce qui touche les dons et legs au profit des pauvres, quand
cet article énumère les revenus des fabriques. Enfin le
mot aumône a-t-il le même sens que le mot assistance?
Il l'a si peu, que l'on oppose au contraire les deux idées,
et que Victor Hugo a dit : qu'il fallait substituer à l'aumône qui dégrade l'assistance qui fortifie. Notons, pour
terminer que cette solution n'est pas spéciale aux fabriques, comme on a voulu le prétendre, et que le Conseil
d'Etat, suivant avis du 2 décembre 1881, a disposé : que le
droit de recevoir et de distribuer des secours aux pauvres ne rentre pas dans les attributions légales des chambres des notaires, instituées et organisées par la loi du
25 ventôse an XI, et par l'ordonnance du 4 janvier 1843
C. d'Et., 2 déc. 81. D. 82. 3. 23). Pour toutes ces raisons,
nous adopterons l'opinion du Conseil d'Etat, et nous
dirons que le seul représentant des pauvres est le bureau
de bienfaisance. Si le legs destiné aux pauvres doit être
recueilli, d'après le testateur, par la fabrique, nous sup-

1. V. Béquet, *De la capacité des fabriques, Revue d'administration,* 1881, p. 3, p. 27.

primerons la condition qui est illicite, et le bureau de bienfaisance sera autorisé à accepter. Si c'est un don, le donateur sera invité à refaire son acte.

2° *Instruction des affaires.* — Le préfet la dirige. Il est prévenu par le notaire dépositaire du testament, s'il s'agit d'un legs ; par l'établissement gratifié, ou par le donateur, s'il s'agit d'un don. (Pour les devoirs du notaire, voir l'ordonnance du 2 avril 1817, et le décret du 30 juillet 1863.) Les héritiers connus du testateur sont appelés, par acte extrajudiciaire, à prendre connaissance du testament, et à produire, s'il y a lieu, leurs oppositions. S'il n'y a pas d'héritiers connus, on fait trois publications dans le journal judiciaire du département, et trois affiches sont successivement apposées, de huitaine en huitaine, à la mairie du domicile du testateur.

Puis le préfet forme le dossier, qui doit contenir : la copie sur timbre du testament ou de l'acte de donation, l'acte de décès sur timbre du testateur ou le certificat de vie du donateur, le procès-verbal d'expertise de l'immeuble, et le certificat du conservateur des hypothèques, la délibération de la commission administrative, l'avis du Conseil municipal (art. 70, 5 avril 1884). le bilan et le budget de l'établissement, enfin des renseignements sur la situation de fortune des héritiers.

3° *Règles de l'autorisation.* — Le dossier formé est transmis à l'autorité chargée d'autoriser. Quelle est-elle ? En principe, c'est le chef de l'État, après avis du Conseil d'État. Toutefois, s'il n'y a pas réclamation des familles, c'est le préfet (décret du 25 mars 1852, t. A, n° 42 et n° 55, lettre v.). Enfin, point spécial aux bureaux de bienfaisance, c'est le sous-préfet pour les dons et legs d'*objets mobiliers*, dont la valeur n'excède pas 3.000 francs, ou de sommes d'argent inférieures à ce chiffre, s'il y a pas réclamation d'héritiers (décret du 13 avril 1861, art. 6, nº 19). Au cas de libéralités connexes ou complexes les règles sont modifiées, et c'est toujours l'autorisation la plus élevée qui statue sur l'ensemble des libéralités.

Quels sont les pouvoirs de l'autorité chargée d'autoriser? Si nous suivons les règles générales, nous dirons qu'elle peut d'abord autoriser purement et simplement, autoriser d'office (pas de texte semblable à la disposition de la loi du 5 avril 1884 à ce sujet pour les communes), qu'elle peut autoriser avec réduction, eu égard à la situation des héritiers, ou enfin refuser, si elle estime la libéralité désavantageuse. Enfin elle peut statuér sur l'emploi des fonds.

4º *Règles d'acceptation.* — Les dons et legs sont acceptés par les commissions administratives. Mais les bureaux de bienfaisance jouissent-ils du bénéfice de l'acceptation provisoire? Question gravement controversée. Pour l'affirmative, on a dit : 1º que, si même on n'admet pas que la loi du 7 août 1851 s'applique en entier aux bureaux de bienfaisance, elle semble exceptionnellement dans son article 11, qui pose la règle de l'acceptation provisoire, avoir pensé à eux, car elle se sert de l'expression générale d'établissements charitables ; 2º que si l'on n'admet pas les bureaux de bienfaisance au bénéfice dont nous traitons, on va créer une différence regrettable entre les communes, ne possédant pas de service organisé de secours à domicile et les

autres. Dans ces dernières, en effet le conseil distribue
lui-même les secours, le maire recueille les libéralités
destinées aux malheureux, et le maire peut accepter provisoirement ; tandis que, dans les premières, le président
de la commission ne le pourrait. L'argument n'a plus de
valeur depuis la loi du 15 juillet 1893. Enfin la Cour de
cassation s'appuyait sur l'article 48 de la loi du 18 juillet
1837, qui instituait le bénéfice de l'acceptation provisoire au profit des établissements communaux. Or la loi
de 1837 est abrogée par celle du 5 avril 1884, et les articles 111, 112, 113 de la loi nouvelle ne parlent, en aucune façon, d'établissements communaux. Reste le premier
argument. Mais il nous paraît impossible de soutenir que
la loi de 1851 s'applique, même en partie, aux bureaux
de bienfaisance. Le titre, les paroles du rapporteur sont
contraires à toute interprétation en ce sens. Nous nous
sommes d'ailleurs expliqué déjà sur ce point. La solution
est regrettable, c'est possible ; en présence des textes, on
ne peut en admettre une autre.

Section IV. -- Des contestations que soulèvent les actes de la commission.

L'exercice des actions étant une des prérogatives les
plus importantes de la vie civile, et la perte d'un procès
pouvant gravement engager le présent, sinon l'avenir, le
législateur a soumis certaines personnes morales à un
pouvoir de surveillance sur ce point. En vertu de la loi
de 1884, qui a reproduit ici la législation antérieure,

les communes doivent, avant d'ester en justice, obtenir l'agrément du Conseil de préfecture. En vertu de
la loi du 7 août 1851, les hospices et hôpitaux sont soumis à la même autorisation. Les bureaux de bienfaisance
doivent-ils être habilités de même? La jurisprudence
de la Cour de cassation et la pratique administrative
l'exigent. Le 20 décembre 1864, la Cour suprême décidait en effet, que les bureaux de bienfaisance sont tenus,
pour se pourvoir en appel, de se munir d'une autorisation du Conseil de préfecture, celle qu'ils auraient obtenue pour ester en première instance ne les dispensant
pas de cette obligation ; ils sont, sous ce rapport, soumis
aux mêmes règles que les communes. Dans les consi-
dérants de l'arrêt, nous trouvons les lignes suivantes:
Vu l'art. 49 de la loi du 18 juillet 1857 et les articles 9 et
10 de la loi des 7-13 août 1851, attendu qu'aux termes
de ces articles, les bureaux de bienfaisance, de même
que les communes, ne peuvent introduire une action
en justice sans être autorisés par le Conseil de préfecture ; qu'après tout jugement intervenu, le bureau de bienfaisance ne peut se pourvoir devant un autre degré de
juridiction qu'en vertu d'une nouvelle autorisation du
Conseil de préfecture, etc.

M. Serrigny, dans son *Traité de l'organisation et de la
compétence en matière contentieuse et administrative*,
t. I, p. 597, émet la même opinion, et la fonde sur
l'analogie existant, au point de vue juridique, entre
les hospices et les bureaux. Cet argument est inexact,
les commissions administratives des hospices se trouvant placées sous une tutelle plus restreinte que celles

des bureaux dě bienfaisance. Il ajoute : « tout ce qui
a été dit plus haut sur les actions à exercer, soit active-
ment, soit passivement, et sur les autorisations à obtenir à cet effet, de la part des hospices communaux, doit
s'appliquer aux bureaux de bienfaisance ». C'est ce que
nous contestons. Et d'abord, quant au principe même de
l'autorisation, nous le considérons comme une maxime
exorbitante du droit commun, qui ne doit pas être étendue hors des cas spécifiés dans un texte. A propos des
monts-de-piété, établissements de bienfaisance analogues
à ceux dont nous nous occupons, la Cour de cassation
elle-même a décidé que « la nécessité d'une autorisation
préalable pour agir ou défendre en justice, est une
exception, qui ne peut être admise, ni suppléée par in-
duction ; elle est, par sa nature, hors du droit commun,
et doit être écartée, lorsqu'elle n'est pas écrite textuelle-
ment dans une loi spéciale ». Cass., 18 déc. 1866 (S. 67,
1, 119). Mais ce texte, nous le trouvons, disent les adversaires. La loi du 4 ventôse an IX a disposé, dans
son article 1er, que toutes rentes appartenant à la République, dont la reconnaissance et le paiement se trouveraient interrompus, et tous domaines nationaux qui auraient été usurpés par des particuliers, sont affectés aux
biens des hospices les plus voisins de leur situation. Le
9 fructidor de l'an IX intervint un arrêté qui déclare communes aux bureaux de bienfaisance les dispositions édictées par la loi du 4 ventôse précédent. Or, dit-on, le 7
messidor de la même année, les Consuls ont rendu un
arrêté, qui développe le principe posé par la loi sus-indi-
quée. Et cet arrêté, parlant des actions juridiques que les

om missions devront intenter pour obtenir la restitution des biens ecclésiastiques possédés autrement qu'en vertu de décrets de l'Assemblée nationale, des biens possédés contrairement aux textes d'un certain nombre de lois de la période révolutionnaire, dont nous nous occuperons plus tard, ajoute que les délibérations de la commission à ce sujet, seront préalablement soumises à l'examen d'un comité consultatif, qui sera formé dans l'arrondissement communal, et comprendra trois jurisconsultes choisis par le sous-préfet. « L'avis du comité sera transmis au *Conseil de Préfecture*, qui, conformément à l'article 4 de la loi de pluviôse an VIII, accordera ou refusera l'autorisation ». Donc, concluent nos adversaires, les bureaux de bienfaisance doivent, avant d'ester en justice, demander l'autorisation du Conseil de préfecture.

Mais la question est de savoir si l'arrêté du 7 messidor an IX s'applique aux établissements de bienfaisance autres que les hospices. Le titre même de l'arrêté du 9 fructidor suivant s'y oppose formellement. Ce texte est en effet intitulé : Arrêté qui déclare communes aux bureaux de bienfaisance les dispositions de la loi du 9 ventôse an IX sur les rentes et domaines nationaux affectés aux hospices. L'administration consulaire n'a parlé que de la loi de l'an IX ; elle ne rend applicable aux personnes morales, que nous étudions, que la loi de ventôse, et non l'arrêté de messidor. Dans une matière, où l'interprétation restrictive s'impose, la jurisprudence ici ne peut suppléer à la loi.

Et d'ailleurs, quand bien même, nous consentirions à

étendre ici les dispositions de messidor, en résulterait-
il l'assimilation complète qu'on préconise ? L'autorisation du Conseil de préfecture n'est exigée que dans
un cas particulier ; comment de cette espèce tirer une
règle générale ?

Enfin, la solution de nos adversaires aboutit à doubler
la tutelle sur l'administration des bureaux, et à la doubler inutilement. En effet, le fait d'autoriser les procès
est une attribution *administrative* des Conseils de préfecture ; ce corps ne statue pas ici au contentieux. Les
auteurs sont d'accord sur ce point : dans son *Traité
sur les autorisations de plaider aux communes et
établissements publics*, M. Riverchon s'exprime ainsi :
« Les décisions par lesquelles l'autorisation de plaider
est accordée ou refusée aux communes constituent, non
pas des *jugements*, mais de simples actes de tutelle administrative ». Il en tire les conséquences suivantes : les
décisions sont étrangères aux tiers qui, sauf le cas
d'excès de pourvoir, sont sans qualité pour les attaquer ;
elles ne sont pas, à proprement parler, susceptibles
d'acquérir force de chose jugée ; les refus peuvent donc
être rétractés sur un nouvel examen ; les pourvois contre
les arrêtés de refus des Conseils de préfecture doivent
être introduits et jugés dans la forme administrative.
L'autorisation donnée est donc un acte de tutelle, et la
jurisprudence du Conseil d'État a elle-même posé le
principe, sur lequel nous nous appuyons, qu'il ne doit
pas y avoir deux tuteurs. Elle en conclut qu'un préfet
commet un excès de pouvoir s'il refuse de soumettre au
Conseil une demande formée par une commune à l'effet

C

d'obtenir cette autorisation (1). Une ordonnance contentieuse du 23 novembre 1835, commune de Grandvilliers, est ainsi conçue : « Considérant qu'aux termes de l'art. 4 de la loi du 28 pluviôse an VIII, les Conseils de préfecture, sont chargés de prononcer sur les demandes en autorisation de plaider formées par les communes, et qu'ainsi, en refusant de soumettre au Conseil de préfecture, la demande de la commune de Grandvilliers..... le préfet de l'Oise a commis un excès de pouvoir ; art. 1er : la décision du préfet du département de l'Oise est annulée. »

Nous utilisons cet argument péremptoire à notre profit et nous disons que les actions des bureaux de bienfaisance devraient être autorisées par le préfet, et par le préfet seul. Ici, en effet, nous avons des textes formels : L'ordonnance du 31 octobre 1821, qui n'a été abrogée qu'en ce qui concerne les Conseils de charité, et subsiste pour le surplus, décide en effet, après avoir énuméré dans trois articles les diverses délibérations des commissions, et entre autres celles concernant les procès à intenter et à soutenir que les délibérations ne peuvent être exécutées qu'après avoir été approuvées, soit par le roi, soit par le ministre, soit par le préfet, conformément aux règles établies par les articles suivants de la susdite ordonnance. Or, le décret du 25 mars 1852 a transporté aux préfets la tutelle sur tous objets d'assistance communale, sauf les cas limitativement énumérés, parmi lesquels nous ne trouvons pas les procès des bureaux de bienfaisance.

1. Reverchon. *Des autorisations de plaider*, p. 120.

Nous en concluons, qu'ils doivent être approuvés par le préfet.

Les actions des hospices sont précédées d'un avis du comité consultatif, institué par l'arrêt du 7 messidor an IX ; faut-il étendre la même obligation aux bureaux de bienfaisance? Un arrêt de la Cour de cassation du 18 juillet 1828, déjà cité, a décidé que l'intervention du comité consultatif, obligatoire, dans certains cas déterminés, pour les hospices, ne l'était pas pour les bureaux de bienfaisance, attendu que l'arrêt consulaire qui avait créé cette institution était applicable seulement aux établissements hospitaliers (C'est un nouvel argument, et un argument tiré de la jurisprudence même, en faveur de la théorie que nous exposions dans les lignes précédentes). Mais la pratique administrative oblige, et avec raison, je pense, à prendre l'avis de ce comité (V. Modèles annexés à la circulaire du 5 mai 1852). Toutefois, comme il n'est exigé par aucun texte, sa non-intervention ne serait pas un cas de nullité du procès.

L'autorisation donnée par le conseil de préfecture, d'après la jurisprudence, et qui devrait, suivant nous, être accordée par le préfet en présence des textes en vigueur, est exigible pour les actions intentées contre les commissions, aussi bien que pour celles intentées par elles ; les motifs s'appliquent aux deux hypothèses. Elle est aussi nécessaire aux bureaux de bienfaisance pour se pourvoir devant un nouveau degré de juridiction, pour plaider, même devant la juridiction administrative. La jurisprudence dispense les commissions d'autorisation dans ce dernier cas. Pour les hospices, elle peut s'appuyer sur les articles 9 et 10 de la loi du 7 août 1851, qui leur imposent les mêmes formalités que celles suivies par les communes pour les actions *judiciaires* (par conséquent pour les actions intentées devant les tribunaux civils seulement). Mais pour les bureaux de bienfaisance, en l'absence de texte spécial, nous ne pouvons qu'appliquer le principe de tutelle générale. De même nous déciderons que la commission administrative n'a pas un pouvoir propre, même pour les actions possessoires. La jurisprudence statue autrement prétendant toujours d'après la même théorie que les bureaux de bienfaisance sont assimilés aux communes au point de vue des procès et contestations judiciaires (Caen, 10 février 1846, D. 46, 4, 47).

L'action, une fois autorisée, est intentée par un administrateur délégué, au nom de la commission, et non par le receveur de l'établissement. La Cour de cassation, pour l'hospice de Nancy, a décidé, le 21 août 1871 (S. 71, 1, 444), que le receveur n'avait aucune qualité, à cet effet, et qu'il était simplement chargé de faire les diligences nécessaires pour le recouvrement des revenus : Attendu, dit la Cour, que l'arrêté du 19 vendémiaire an XII ne confère pas aux receveurs des hôpitaux le droit d'ester en justice, et les charge seulement de faire sous leur responsabilité les diligences nécessaires pour la recette des revenus ; que cet arrêté lui-même exprime que les poursuites judiciaires doivent être faites à la requête de l'administration des hospices, et que, d'ailleurs, des lois postérieures, comme la loi des 7-13 août 1851, pour les hospices, et le décret du 23 mars 1851, ont déterminé le mode de composition des hospices et autorisé le maire, en qualité de président de ces commissions, à exercer les actions qui leur compètent, etc. Nous ne voyons pas de raison pour ne pas étendre aux bureaux de bienfaisance cette décision, non pas que la loi de 1851 s'applique aux hospices, mais parce que l'assimilation paraît fort raisonnable.

Comme pour les communes, un contribuable pourrait-il se substituer à la commission, et intenter l'action à ses risques et périls ? Non (arrêt du 30 août 1847). « On comprend facilement pourquoi le législateur n'a pas étendu aux établissements publics, tels que les bureaux de bienfaisance, la faculté exceptionnelle, accordée aux contribuables, d'exercer les actions communales, par l'art. 49 de la loi du 18 juillet 1837 (et actuellement par la loi du 5 avril 1884), c'est que les administrateurs de ces établissements étant nommés (aujourd'hui encore en majorité) par l'autorité supérieure, elle pourrait les remplacer à son gré, s'ils lui paraissaient oublier leurs devoirs. Il n'en est pas de même des corps municipaux, qui, étant le produit de l'élection, ont une indépendance réelle dont ils peuvent abuser au détriment même de la commune qu'ils représentent. Il importait donc dans l'intérêt de celle-ci, que chaque membre de la communauté pût, à ses frais et risques, défendre les droits de tous quand ils lui paraîtraient désertés ou négligés par le conseil municipal. »

Les actions sont soumises à un certain nombre de règles spéciales. Aux termes de l'article 49 du C. de procédure civile, les demandes qui intéressent les établisse-

ments publics sont dispensées du préliminaire de concilia-
tion. Mais quiconque veut engager un procès contre
une commune doit, d'après la loi de 1837 reproduite en
1884, adresser préalablement au préfet un mémoire ex-
posant les motifs et l'objet de sa demande. Ce mémoire
sert d'avertissement, il remplace le préliminaire de con-
ciliation supprimé et porte à la connaissance de l'autorité la demande qui va être engagée contre la commune ;
de façon, ainsi que l'a dit M. Vivien, qu'elle puisse
aviser aux mesures, que l'intérêt de la commune, dont
elle a la tutelle, lui paraît réclamer. Faut-il étendre la
même règle aux bureaux de bienfaisance ? Oui, a-t-on
dit, en raison de l'assimilation générale qui leur est faite
des règles concernant les autorisations de plaider communales. Cette assimilation, nous la nions ; mais le mémoire est destiné à remplacer le préliminaire de conci-
liation, l'article 49 du C. de procédure civile est général,
et nous ne voyons pas dès lors pourquoi l'obligation du
mémoire ne serait pas aussi appliquée à tous procès in-
tentés contre les établissements publics, et contre les
bureaux de bienfaisance en particulier. Car les motifs
sont les mêmes.

De même les procès des bureaux de bienfaisance doivent être communiqués au Ministère public. De même,
la voie extraordinaire de la requête civile lui est ou-
verte. Mais, à la différence de l'Etat, le bureau de bienfaisance n'est pas dispensé de constituer avoué, et cet
avoué est choisi, ainsi que l'avocat, par la commission
administrative.

Nous verrons tout à l'heure quelles seront les consé-

quences de la condamnation d'un bureau. Ce dernier
peut s'y soustraire en acquiesçant ou en se désistant, ou
même en transigeant avant le procès. Ces divers actes
sont-ils soumis à une autorisation ? Pour nous, la réponse est simple : nous dirons que le préfet doit donner
son approbation. Mais pour ceux qui admettent que les
procès sont autorisés par le conseil de préfecture, se posait la question de savoir si on exigerait l'approbation
du conseil de préfecture ou celle du préfet, pour le désistement ou pour l'acquiescement, les auteurs et la jurisprudence étant à peu près d'accord pour établir la nécessité de l'autorisation. Un arrêt de la Cour de cassation,
du 5 mars 1845 (S. 45, 1, 430) décide, pour les communes, que le désistement n'appartient ni au maire, ni
au conseil municipal, en vertu d'un pouvoir propre, attendu qu'il résulte de la combinaison des articles de la
loi de 1837 qu'elle n'a pas voulu que le sort des procès
intéressant les communes dépendît exclusivement du
maire et du conseil municipal ; qu'en conséquence le
conseil de préfecture doit donner son autorisation. Si
l'on assimile les bureaux de bienfaisance aux communes,
on dira donc qu'il leur faut obtenir pour se désister, ou
acquiescer, une autorisation du conseil de préfecture.
Mais, même pour les communes, la solution est discutée, et, suivant des auteurs considérables, entre autres
M. Reverchon, autre chose est l'autorisation de plaider,
autre chose est le désistement ou l'acquiescement, et, en
l'absence de texte, il faut rentrer dans les règles ordinaires, et faire approuver par le préfet. D'ailleurs, ajoutent ces auteurs, un acquiescement, quand il est exprès

tout au moins, ne ressemble-t-il pas à une transaction ?
Et aux termes de l'article 2045 C. civ.. les établissements
publics ne peuvent transiger qu'avec l'autorisation du
chef de l'Etat avant 1852, depuis 1852 avec l'approbation du préfet. La pratique administrative adoptant cette
opinion exige donc l'approbation du préfet pour le désistement ou l'asquiescement comme pour les transactions,
mais, en outre, pour les transactions, elle demande l'avis
de trois jurisconsultes, et du conseil de préfecture.

Pour l'exécution des décisions à intervenir, pas de
règle spéciale, si le bureau de bienfaisance gagne le
procès, mais s'il le perd, l'adversaire peut-il, muni de
son titre exécutoire, faire produire au jugement ses
effets naturels ? L'art. 2 de l'ordonnance du 6 juillet
1846, dont nous nous sommes occupés plus haut, a réglé
la matière ; il faut, d'après ce texte, une intervention du
pouvoir central. Toutefois s'il s'agissait d'une revendi-
cation par exemple, je crois que le gagnant pourrait
prendre possession de l'objet litigieux sans formalités
administratives préalables.

CHAPITRE IV

BUDGET DES BUREAUX DE BIENFAISANCE

S'il est, au point de vue de la décentralisation, une question importante, c'est celle de savoir quels seront les pouvoirs respectifs des autorités locales et du pouvoir central, des commissions administratives et du sous-préfet en notre espèce, sur les budgets des établissements dont nous nous occupons. Dans les affaires des communes, des départements, des personnes morales, aussi bien que dans celle des particuliers, les intérêts financiers occupent une place considérable. Il est bien peu de mesures administratives qui ne se résolvent pas en dépense, et qui, par conséquent n'engagent pas les revenus. Il faut donc étudier soigneusement le budget, comment le faire ?

Un budget se compose d'un nombre plus ou moins grand de recettes et de dépenses ; on le prépare, on le vote, on le règle définitivement, puis on l'exécute dans une certaine période de temps primitivement fixée, enfin on le contrôle, et on le clôt. Ce sont ces diverses opérations, ce sont les diverses natures de recettes et de dépenses, que nous allons maintenant examiner, à propos des bureaux de bienfaisance, et nous diviserons notre étude en trois parties : Composition du budget ; Formation et établissement de ce budget ; Exécution de ce budget.

Section I. — Composition du budget. — Recettes et dépenses.

§ I. — *Recettes ordinaires*

Il est un principe de notre comptabilité qui s'énonce ainsi : les ressources doivent tomber dans la caisse sans affectation spéciale à une dépense particulière ; l'ensemble des recettes sert à faire face à l'ensemble des dépenses. Ce principe souffre dans l'organisation de l'assistance publique quelques exceptions importantes. Le produit des amendes correctionnelles, le tiers des droits de concessions dans les cimetières, enfin le droit des pauvres sont *spécialement* perçus au profit des indigents. C'est une observation générale nécessaire à formuler, avant d'entrer dans le détail des recettes suivantes :

1° Taxes perçues au profit des pauvres et dérogeant au principe de la spécialité.

Autrefois certaines amendes étaient attribuées aux établissements de bienfaisance. Une décision ministérielle du 17 juin 1870 a prescrit qu'à l'avenir ce serait le service des enfants abandonnés seul, qui jouirait d'un tiers des amendes encourues pour infraction au monopole des postes à et l'exercice illégal de la médecine, tandis qu'auparavant ce tiers était attribué aux établissements de bienfaisance de la commune.

Le règlement du Ministre des Finances du 26 décembre 1866 avait accordé aux établissements de bienfaisance communaux en général les amendes pour contrefaçon et pour exercice illégal de la pharmacie, et des fonctions d'agents de change et de courtiers. Une décision ministérielle du 22 janvier 1875, recommande de leur donner une affectation analogue à celle prescrite pour les précédentes.

Enfin la loi du 13 avril 1850, art. 14, sur les logements insalubres, dispose dans les termes suivants : « Les amendes prononcées en vertu de la présente loi (amendes prononcées contre le propriétaire ou l'usufruitier pour inexécution des travaux prescrits, ou location d'un logement interdit), seront attribuées au bureau ou établissement de bienfaisance de la localité. » Mais la loi de finances du 26 décembre 1890, art. 11, qui paraît avoir réglé l'attribution de toutes les amendes prononcées par les tribunaux répressifs, semble contraire à la disposition de 1850. Toutefois nous ferons observer qu'on discute la question de savoir, si une loi de finances peut abroger implicitement une loi spéciale, et que l'affirmative n'est pas par tous admise ; que de plus il semblerait fort juste d'attribuer à l'assistance, à l'assistance médicale en particulier, ces taxes judiciaires. Si nombre d'indigents tombent malades avant l'âge, n'est-ce pas un peu la faute des propriétaires, des propriétaires des villes spécialement, qui hésitent tant à faire les dépenses nécessaires pour assainir les logements ouvriers, à tel point qu'une loi toute récente a dû s'occuper de la matière.

On peut toutefois encore ranger dans le même paragraphe l'amende prononcée par le juge des comptes (Conseil de préfecture ou Cour des comptes), contre les receveurs qui n'ont pas présenté leurs comptes dans les délais prescrits par les règlements. Mais c'est un produit insignifiant et tellement rare, qu'il est à peine à mentionner dans le budget du bureau de bienfaisance.

Il reste au contraire à étudier deux droits importants, attribués tous deux aux établissements de bienfaisance en général et dont la répartition est faite entre les divers services d'assistance par le préfet, j'entends parler du droit de concessions dans les cimetières et du droit des pauvres. Pour le dernier, nous avons un texte précis, l'arrêté du 7 fructidor an VIII, art. 2, ainsi conçu : Le produit de ces droits (le droit des pauvres) continuera à être affecté aux besoins des hôpitaux et aux secours à domicile de chaque commune, d'après la répartition qui en sera faite par le préfet, sur l'avis du sous-préfet. Mais, pour le premier, une petite difficulté s'est élevée, certains conseils municipaux prétendant répartir la part des pauvres entre les divers établissements charitables de la commune, parce qu'ils réglaient le tarif des concessions par leurs délibérations. Une décision ministérielle du 28 octobre 1874, mit à néant leurs prétentions, consacra le droit du préfet, en s'appuyant sur cette idée juste, que le droit de régler le tarif n'emporte pas celui de répartir le produit (exemple, la commission départementale répartit une portion des amendes, et n'en règle en aucun cas le tarif), en s'appuyant de plus par analogie sur l'arrêté du 7 fructidor an VIII, et sur le décret du 25 mars 1852, qui confie la tutelle des établissements de bienfaisance au préfet, ce dernier devant par conséquent être le mieux placé pour connaître leurs besoins et régler dès lors la part qui doit leur revenir. Il faut remarquer que la controverse s'est élevée sous l'empire de la loi de 1867, aux termes de laquelle le préfet n'intervenait dans les délibérations du Conseil, sur les tarifs, que s'il y avait désaccord entre le maire et le corps municipal. Aujourd'hui que toutes les délibérations sur ce point sont soumises à approbation, la question présente un intérêt fort restreint.

Mais le préfet, chargé de la répartition, pourrait-il réserver aux bureaux de bienfaisance, par exemple, les produits des concessions? Si on prenait le texte à la lettre, on devrait décider négativement. Le mot « répartir » implique l'idée de partage. Toutefois, étant donné les termes de la circulaire du 24 fructidor an VIII, rendue pour l'exécution de l'arrêté du 7 fructidor, il semble difficile de ne pas se rallier à l'opinion de la décision du 7 août 1865 (*Bull.*, 1866, p. 68), qui donne au représentant du pouvoir central le droit d'attribuer tout le produit des concessions au bureau de bienfaisance seul par exemple.

Toutefois, depuis la loi du 15 juillet 1893, nous avons un service d'assistance obligatoire. Il semble dès lors

naturel de dire qu'*obligatoirement* le préfet devra le doter d'une partie de la somme totale des droits des pauvres et des concessions dans les cimetières. Que la part
affectée soit, quant à sa quotité, laissée à la disposition du
représentant du pouvoir central, c'est possible ; mais il
faudra que cette part existe et nous croyons, en décidant
ainsi, entrer dans les vues du législateur et de l'administration, qui s'est exprimée de la façon suivante dans sa
circulaire du 18 mai 1894 sur l'exécution de la loi : « le
contingent communal *sera* prélevé d'abord sur la part
des recettes attribuées aux pauvres (droits des pauvres
sur les spectacles, produit des concessions funéraires,
etc...) qu'il paraîtra équitable de *consacrer aux soins des
malades.* »

C'est l'ordonnance du 6 décembre 1843, art. 3, qui
attribue aux établissements de bienfaisance une part, un
tiers, dans le prix des concessions perpétuelles, trente-
naires et temporaires de terrains dans les cimetières.
L'article est ainsi conçu : « chaque concession d'un terrain dans un cimetière donne lieu de la part du conces-
sionnaire au versement d'une somme dont le tiers appartient de droit aux pauvres ou aux établissements de
bienfaisance ». Le sens de cette disposition s'explique par
l'historique. Dans le principe, les concessions n'étaient
accordées qu'à ceux qui offraient de faire des fondations
ou donations en faveur des pauvres et hôpitaux, indé-
pendamment d'une somme donnée à la commune. Ces
fondations ou donations étaient directement approuvées
par le gouvernement, sur l'avis des conseils municipaux
et des préfets. Aujourd'hui la législation s'est simplifiée,

mais les principes anciens donnent le motif, pour lequel une part dans le produit est réservé aux établissements de bienfaisance.

Tel est un premier droit attribué au budget de la bienfaisance ; passons à un autre fort important, car en certaines communes, il donne des produits considérables ; c'est le droit des pauvres, ou la redevance prélevée au profit des établissements d'assistance sur la recette des spectacles publics. Cette taxe exigerait de longs développements ; nous ne pourrons lui consacrer que quelques pages, et nous devrons nous contenter, au lieu d'entrer dans le détail, d'en résumer les principes essentiels.

Après de longs siècles de barbarie, où les spectacles intellectuels semblaient avoir disparu pour toujours, il y eut un réveil d'art dramatique. D'abord les représentations données eurent un caractère religieux ; et les acteurs furent souvent des ecclésiastiques eux-mêmes. « Ces représentations, exemptes de tout esprit de spéculation, avaient pour effet de retremper la foi des peuples en frappant leur imagination. Aussi Charles VI ne demandait-il aucune aumône en faveur des pauvres aux confrères de la Passion qui vinrent dans un but pieux représenter les mystères à Paris (1). » Mais le goût des spectacles se développant, le 24 avril 1407, Charles VI lui-même n'approuva les statuts des menestriers qu'en leur imposant une quête pour les pauvres (Voir l'ordonnance reproduite dans l'ouvrage de M. Cros-Meyre-

____

1. Cros-Mayrevieille, *Le droit des pauvres en Europe*, p. 21.

vieille, *Le droit des pauvres en Europe*). C'est le premier
texte, qui parle d'un droit en faveur des pauvres sur les
spectacles. Fut-il, en ces temps troublés, appliqué strictement, et durant longtemps, on ne saurait le dire. Quoi
qu'il en soit. l'idée germa, et le Parlement la consacre
définitivement, par un édit du 27 janvier 1541, relatif
à ces confrères de la Passion, devenus de vulgaires im-
presarios : « Sur lettres-patentes portant permission à
Charles Royer et consorts, maistres et entrepreneurs de
jeu et de mystère de l'Ancien Testament, faire jouer et
représenter à l'année prochaine ledit jeu et mystère, suivant lesdites lettres. leur a été permis par la Cour à la
charge d'en user bien et duement, sans y user d'aulcunes
fraudes, n'y interposer choses profanes, lascives ou ridi-
cules, que pour l'entrée du théàtre ils ne prendront que
deux sols d'entrée de chascune personne : pour le louage
de chascune loge durant ledit mystère, que trente écus;
n'y sera procédé qu'à jours de festes non solennelles ;
commenceront à une heure après-midi, finiront à cinq,.
feront en sorte qu'il n'en suive scandalle ou tumulte. et
a cause que le peuple *sera distrait du service divin* et
que cela diminuera les aulmosnes ils bailleront aux pauvres la somme de mil livres, sauf à ordonner de plus
grandes sommes » (1). Il est permis de douter que l'idée,
qui inspira cet édit, ait eu grande influence sur la rédaction des lois et décrets postérieurs concernant le droit
des pauvres. Dès 1669 d'ailleurs, une Ordonnance
du 25 février base l'existence de la taxe sur un nouveau motif : « le roi voulant, y est-il dit, contribuer

1. Cros-Mayrevieille, *op. cit.*, p. 26.

au soulagement des pauvres dont l'hôpital général est surchargé, a cru devoir leur donner quelque part aux profits considérables qui reviennent des opéras de musique et comédies qui se jouent à Paris par sa permission.»

Le droit des pauvres n'étant perçu sous l'ancien Régime qu'au profit des hospices, son historique ne rentre pas dans le cadre de notre travail. Qu'il nous suffise de dire que sa quotité était du sixième du prix d'entrée au spectacle ; à un certain moment on voulut y ajouter un neuvième pour les dépenses de construction de l'Hôtel-Dieu, ce ne fut qu'un état transitoire.

Le droit des pauvres fut supprimé, comme tant d'autres, dans la nuit du 4 août. Mais il fallait subvenir aux besoins des malheureux. S'il était facile de détruire, on éprouvait plus de difficultés à reconstruire, et l'on dut, en fait, continuer à percevoir une taxe, en principe, supprimée et l'on n'autorisait les spectacles publics qu'à charge d'une redevance versée par eux en faveur des pauvres. L'état de fait lui-même bientôt disparut, et pendant les troubles de cette époque, la taxe ne fut plus perçue. Cependant la Convention avait voulu édifier un code de la bienfaisance. Ses efforts n'ayant point de but pratique, sa réforme ne pouvait avoir de portée. Dès qu'un nouveau gouvernement fut au pouvoir, on s'occupa de réorganiser les ressources de l'assistance ; la loi du 7 frimaire an V, qui établissait les bureaux de bienfaisance, leur créa une ressource des plus légitimes et, point important à noter, porta comme titre : loi qui ordonne la perception au profit des indigents d'un dixième par franc en sus du prix d'entrée dans les spectacles, bals, concerts, etc... Le droit n'était rétabli que pour 6 mois, à titre d'essai ; le provisoire est devenu définitif. Successivement prolongée temporairement par divers textes, la perception du droit fut ordonnée de façon permanente par le décret du 9 décembre 1809, et chaque année le droit est voté dans la loi de finances, on l'assimile aux contributions publiques.

Le droit rétabli différait de la taxe ancienne à plusieurs points de vue ; il n'était plus affecté aux besoins des hospices, au contraire il était destiné à secourir les indigents à domicile. Quelques mois après on en étendit le bénéfice aux hospices. Depuis l'an XIII les préfets en répartissent le produit entre les établissements de bienfaisance. En deuxième lieu, l'impôt ne portait pas simplement sur les recettes des théâtres, mais aussi sur les produits de tous spectacles publics et payants.

A. *Caractère du droit des pauvres.* — Le 12 mars 1851, Dupin, à l'Assemblée Nationale, le définissait, un impôt sur le plaisir au profit de l'indigence, et ce caractère est le plus grand éloge qu'on en puisse faire. Rien de plus juste que de rappeler au spectateur, qui va chercher le plaisir, qu'à quelques pas de lui peut-être, des malheureux succombent sous le coup de la misère et du chagrin. Cet impôt est moralisateur au premier chef. On a soutenu que de plus c'était un impôt somptuaire. Je réponds qu'un véritable impôt somptuaire est destiné à combattre le luxe ; or, personne, que je pense, n'a jamais cherché à lutter contre le goût du théâtre. On a songé seulement, et c'est fort légitime, à en faire profiter la souffrance. Mais le but n'est pas atteint, ont dit certains, car ce n'est pas le spectateur qui supporte l'impôt, c'est l'entrepreneur de spectacles. On a fort bien répliqué qu'alors, l'impôt des boissons porterait sur le marchand de vins et l'impôt des transports sur les voituriers ; or, une pareille thèse est insoutenable.

B. *Portée du droit.* — Ayant établi le caractère de la taxe, il nous faut étudier sa portée et déterminer d'une façon générale quels établissements seront soumis à l'impôt, et dans quelle portion elle atteindra leurs recettes.

Tout d'abord, la taxe des pauvres est un impôt sur les spectacles et autres réjouissances ; il faut donc qu'il y ait plaisir offert au public. Dès lors on ne saurait, sans inconvenance, assimiler aux amusements visés par la loi du 7 frimaire an V les cérémonies du culte. Aussi, comprenons-nous mal le but poursuivi par le Conseil de préfecture de la Seine qui avait cru devoir imposer une messe en musique dite à St-Roch, et à l'occasion de laquelle le prix des chaises avait été augmenté. Le Conseil d'État eût vite fait d'annuler cet arrêté le 25 novembre 1806, en s'appuyant sur des motifs tellement évidents qu'il est inutile de les donner. De même, nous mettons hors de cause les cérémonies légales, alors même qu'elles constitueraient en fait un amusement pour le public, qui y assiste.

Mais faut-il que le spectacle soit organisé, ou suffit-il qu'il soit naturel ? La question s'est posée en 1878, à propos de l'ascenseur du Trocadéro. Le Conseil de préfecture l'avait imposé, le Conseil d'État rendit, le 25 février 1884, un arrêt d'annulation (*Recueil Lebon,*

1884, p. 79), motivé sur ce que cet ascenseur ne pouvait être considéré comme destiné à procurer au public
un spectacle dans le sens des lois concernant le droit.
Toutefois on peut observer que les termes de la loi de
frimaire an V, sont des plus généraux et que l'esprit de
la législation est d'imposer le plaisir partout où il se
trouve. La loi parlant de spectacle offert au public me
paraît considérer le spectacle subjectivement, et non ob-
jectivement. Il suffit qu'il y ait plaisir *procuré* à des
spectateurs, qu'il soit volontairement donné ou non par
des acteurs. Or, la vue d'un paysage inanimé procure
un spectacle.

Une seconde condition requise, c'est qu'il s'agisse de
spectacles, réunions ou fêtes où les assistants ne sont re-
çus qu'en payant (1). La loi du 7 frimaire an V exige
formellement que les *spectateurs paient* pour que la taxe
soit perçue.

A ce sujet, une difficulté s'est élevée pour les cafés-
concerts et pour les jardins où sont établis toutes sortes
de jeux et dans lesquels le public ne paie qu'au moment
où il se sert de l'un de ces jeux. On peut dire que, si le
procédé de perception est déguisé, le principe subsiste,
car l'entrepreneur fait payer au spectateur le plaisir qu'il
lui procure. Le ministre Chaptal en décidait ainsi, dès le
26 fructidor an X, et la jurisprudence administrative a
confirmé son opinion, en s'appuyant sur ce motif, que
le décret de 1809 autorise la perception du droit, quel
que *soit le mode usité dans l'établissement pour percevoir*

1. Lacau et Paulmar, *Législation des théâtres*, p. 169, *op. cit.*

le prix d'entrée (C. d'État, 9 déc. 1852, Lebon, 1852, p. 587, C. de préf., D. P. 1882, 3, 94].

Il faut en troisième lieu, que le spectacle *soit public*. En effet, le décret du 9 décembre 1809 rend définitive la perception des droits sur les billets d'entrée dans les spectacles, bals, concerts et *fêtes publiques*. Nous trouverons de même dans l'article 2 du décret du 26 novembre 1808, qui prorogeait pour un temps déterminé la perception du droit, la phrase suivante fort significative : « Les bals et concerts de réunion et de société où l'on n'entre que par abonnements, ne seront exemptés de la perception qu'autant qu'il sera constant que *l'abonnement n'est pas public*.

4° Doit-il y avoir spéculation, pour qu'il y ait lieu à perception ? La question est controversée. L'intérêt en est considérable. Si l'on décide l'affirmative, les fêtes ou spectacles donnés dans un but charitable ou dans un but d'utilité publique échapperaient à la taxe. Dans un cas, la loi a statué : l'art. 4 du décret du 9 décembre 1809 assujettit au droit les représentations à bénéfice *dans la limite du prix ordinaire des places*. Le législateur paraît ici exempter la recette, qui a un caractère humanitaire. Faut-il étendre la solution ? Au point de vue logique, je ne le pense pas. La taxe des pauvres est un impôt sur le plaisir. Que ce plaisir soit procuré ou non par un entrepreneur qui spécule à son profit, sur la gaieté des autres, il existe en toutes hypothèses, et dès lors le droit doit être en tout cas perçu. Au point de vue des textes, je ne le crois pas non plus, étant donné la généralité des termes du décret du 9 décembre 1809, l'article 2 du même décret peut être considéré comme une exception devant être strictement interprétée. *Exceptio est strictissimi juris*. C'est ce qu'a jugé le Conseil d'État, à propos d'un bal donné par la Société des francs-maçons de Rouen, le 28 janvier 1882, au profit de la caisse maçonnique.

Quant aux spectacles présentant un caractère charitable, la jurisprudence a donc reconnu juste la perception du droit des pauvres (et c'est souvent le seul bénéfice que tireront les pauvres d'un spectacle donné à leur profit). Elle a raison de statuer ainsi; où elle a tort, c'est quand elle n'admet pas toutes les conséquences du principe, c'est quand elle exempte les expositions universelles et les courses de chevaux. On s'est appuyé, pour ordonner cette exemption, sur ce que les spectacles donnés dans un but d'utilité publique ne sont pas destinés à procurer un amusement. Reste à savoir, et l'on me permettra bien d'en douter, si les habitants de quelque département éloigné, qui se rendent à une exposition de Paris par un train *de plaisir* (la langue usuelle condamne elle-même nos adversaires) ne viennent pas chercher un divertissement. Que l'utile soit ici joint à l'agréable, j'en conviens et je l'approuve, mais il n'en reste pas moins vrai que les expositions, comme les courses et les salons, sont « des fêtes publiques » *lato sensu*, rentrant dans les prescriptions de la loi. Quoi qu'il en soit, pour les expositions universelles, nous avons un arrêt du Conseil d'État du 7 mai 1857, annulant une décision du Conseil de préfecture de la Seine du 14 janvier 1856. Ce dernier avait taxé les entrées au Palais de l'Industrie, en considérant que l'Exposition Universelle était évidemment un lieu de réunion, où l'on était admis en payant, et qu'elle n'était pour la grande majorité, qu'un spectacle offert à sa curiosité. Le Conseil d'État prétendit que les sommes perçues n'étaient pas le prix d'un spectacle, que l'exposition ordonnée par des décrets impériaux, était organisée, dirigée, surveillée comme œuvre exclusivement natiotionale et d'utilité publique générale. Mais pourquoi nier que, dans les expositions, l'État se fait, dans une large mesure, *impresario*, et qu'il offre un spectacle attrayant au public, que, pour le plus grand bien de ses commerçants, il attire dans la capitale.

Que dire des salons de peinture ? Ceux du Champ-de-Mars et des Champs-Elysées étant administrés par deux sociétés reconnues d'utilité publique, d'après la jurisprudence du Conseil d'Etat ; nous devrons les exempter du droit des pauvres.(Voir l'arrêt du 7 août 1891 D. 92 3,106) ; mais le droit devrait être perçu sans contestation sur le produit de toute autre exposition d'art qui n'aurait pas un but d'utilité générale reconnu régulièrement, alors même que cette entreprise serait encouragée par l'administration.

Quid enfin des courses ? La question s'était posée en 1873 à propos des Courses de Rouen. Le bureau de bienfaisance de la commune de St-Etienne-de-Rouvray avait voulu prélever le droit des pauvres sur la recette de la société des courses Rouennaises qui avaient lieu sur son territoire. Le conseil de Préfecture ayant admis l'exemption du droit,il y eut pourvoi devant le conseil d'Etat. Cette juridiction rendit un arrêt d'une portée générale où il était dit notamment « que la société des courses Rouennaises, approuvée par arrêté du préfet de la Seine-Inférieure, en date du 8 avril 1865, a été fondée dans le but d'encourager l'élevage et l'amélioration du cheval de service et de guerre», que le gouvernement intervenant dans le règlement des courses et la désignation des commissaires, le but poursuivi est une œuvre l'intérêt général et national ; « que d'ailleurs toutes les recettes de la société sont intégralement affectées, aux termes mêmes des statuts, à l'œuvre d'intérêt public, et que, dans ces circonstances, les sommes payées par les personnes admises dans l'enceinte des courses et qui contribuent ainsi à l'œuvre poursuivie ne peuvent être considérées comme le prix d'une fête ou d'un spectacle offert au public par ladite société, que dès lors les courses Rouennaise ne rentrent pas dans la catégorie (et c'est ce que nous contestons) des lois des 7 frimaire et 8 thermidor an V. » (1) D'après cette théorie, les courses revêtant par suite de l'autorisation accordée un caractère semi-officiel, seraient exemptés. Nous ne voyons pas en quoi cette consécration peut modifier leur caractère de spectacle public.

Même question s'est reproduite en 1891 (2) pour les courses de Vichy et même solution a été adoptée s'appuyant sur des motifs identiques. La requête de la com-

1. C.d'Etat 13 juin 1873, *Recueil Lebon*, 1873, p. 543.
2. C. d'Etat, 12 juin 1891. *Revue d'administration*, 1891, III, p. 157.

mune de Vesse-sur-Allier, au profit de qui devait être perçu le droits des pauvres, s'appuyait sur un argument de texte, qui nous parait d'une grande portée. La loi du 8 thermidor an V, article 4, parle de « courses et exercices de chevaux ». Or on dit : l'argument n'a pas de valeur, car les courses périodiques de chevaux en France n'ont été réglementées que par le décret du 13 fructidor an XII. Mais si des courses périodiques n'étaient pas réglementées avant l'an XIII, il y avait eu déjà en France des courses de chevaux à Fontainebleau, et à la Plaine des Sablons au XVIIIe siècle. On insiste, et l'on prétend que les termes de la loi précitée s'appliquent aux cirques, fort en vogue à cette époque. Mais que vient faire dès lors l'expression : exercices de chevaux, à quoi s'applique-t-elle ? Chez Franconi, on donne en spectacle des exercices de chevaux, des exercices de dressage, des expériences de vitesse ; on ne fait pas de courses de chevaux.

Le Conseil d'Etat s'appuyait sur un autre argument, peut-être plus spécieux. C'est que la loi du 2 juin 1891 ne parle pas du droit des pauvres et qu'elle établit par contre, un prélèvement sur le pari mutuel. « Dans la discussion à la chambre, dit l'arrêt. MM. le baron Demarçay et Tony Réveillon ont soutenu des amendements tendant à frapper d'un impôt les droits d'entrée, et personne n'a soutenu que le droit des pauvres pût être exigé, en vertu de la législation existante. » Le motif invoqué par le Conseil d'Etat a le tort d'être fondé sur un raisonnement négatif ; toutefois nous reconnaissons volontiers que la question a perdu de son intérêt depuis la nouvelle loi sur les courses de chevaux.

Désormais aucun champ de courses ne peut être ouvert sans l'autorisation préalable du ministre de l'Agriculture, et sont seules autorisées les courses de chevaux ayant pour but exclusif l'amélioration de la race chevaline et organisées par des sociétés dont les statuts ont été approuvés par le Ministre de l'Agriculture, après avis du Conseil supérieur des haras. Le pari mutuel, ajoute le texte ne pourra fonctionner qu'en vertu d'une autorisation spéciale et toujours révocable du Ministre de l'Agriculture, et moyennant un prélèvement dont la quotité sera, en vertu de la loi, réglée par décret, ainsi que les formes, et qui sera fait au profit des œuvres locales de bienfaisance.

En exécution de cette disposition, le décret du 7 juillet 1891 a décidé, en ce qui touche l'assistance, qu'un prélèvement de 2 0/0 serait, dans un délai de huitaine à partir de chaque course, versé, à Paris, à la caisse des dépôts et consignations, dans les départements aux caisses des Trésoriers généraux, receveurs particuliers (préposés de la caisse des dépôts), un bordereau établi par le président de la Société et visé par le préfet du département étant remis à chaque versement. Les sommes provenant des prélèvements seront *centralisées* à la caisse des dépôts et consignations, puis réparties entre les œuvres locales par une commission spéciale, dont la composition est déterminé par l'art. 5 du décret. Une somme est donc fixée par chaque département, qui est mise à la disposition du Conseil général pour être affectée aux œuvres de bienfaisance designées par lui. Une circulaire du 18 juillet 1891 (*Recueil*, 1891, p. 151), en recommande un certain nombre.

C. *Quotité du droit et définition de la recette sur laquelle il est perçu.* — Si nous lisons l'ensemble des textes législatifs sur le droit des pauvres, nous obtenons le résumé suivant :

1° Sont soumis au droit du quart de la recette brute : les bals, les feux d'artifices, les concerts non quotidiens qui ne sont pas donnés par des artistes ou des associations d'artistes, les courses ou exercices de chevaux, en général, *toutes les fêtes où l'on est admis en payant* (loi du 8 thermidor an V, art. 2) ;

2° Sont soumis au droit du 10ᵉ en sus du prix des billets d'entrée : les spectacles où se donnent des pièces de théâtre (loi du 8 thermidor an V, art. 1), les panoramas et théâtres pittoresques et mécaniques (arrêté du 10 thermidor an XI, art. 2), les concerts quotidiens (loi du 16 juillet 1840, art. 9) ;

3° Sont soumis au droit de 5 0/0 ou du 20ᵉ de la recette brute, les concerts non quotidiens donnés par les artistes ou les associations d'artistes (loi du 3 août 1875, art. 23).

Le droit des pauvres, au point de vue de sa quotité, a donc un triple aspect. Au début le taux était unique ; un décime par franc, d'après la loi de frimaire. Mais, à cette époque, la recette n'était établie qu'au profit du service des secours à domicile ; quand, en thermidor an V, on l'étendit aux hospices, il fallut naturellement augmenter le produit de la taxe, et dans ce but fut édictée la règle, qui soumettait au prélèvement du quart de leur recette brute les bals, les feux d'artifices, concerts, courses et exercices de chevaux et autres fêtes où l'on est admis en payant. Cette disposition donna lieu, au Conseil des Anciens, dans la séance du 8 thermidor, à un échange d'observations assez vives (voir le *Moniteur* du 12). Les adversaires de l'innovation trouvaient la quotité trop forte, et s'élevaient contre la réforme, au nom de la gaieté française. Ils eurent tort, et fut voté l'article 2 qui établissait la taxe, dont nous parlons. Désormais les théâtres furent traités d'une façon plus favorable que les autres spectacles, et ils le sont encore.

A part un arrêté du 10 thermidor an XI, qui assimile les Panoramas et les théâtres mécaniques aux autres théâtres pour la quotité du droit à percevoir, nous ne trouvons plus de dispositions réglementaires et législatives à ce sujet avant la loi de finances du 16 juillet 1840. Les concerts quotidiens devaient, aux termes des textes en vigueur, payer le quart de la recette brute. On réclamait fort contre cette règle, qu'on trouvait exorbitante, et l'on demandait aux Chambres de les faire bénéficier de l'art. 1er de la loi de thermidor. M. Vuitry, rapporteur, se montra favorable à la réforme, sur ce motif que les entrepreneurs de concerts quotidiens, comme ceux de spectacles, étaient exposés à voir certains soirs leurs recettes baisser subitement (Duvergier, *Collection des lois*, 1840, p. 230), et le droit du 10e en sus remplaça celui du quart.

Malgré une campagne très vive contre le droit des pauvres, il fut toujours maintenu sous le premier Empire, et depuis l'avènement du régime actuel, un seul texte législatif, compris dans une loi de finances, comme le précédent, a été voté par l'Assemblée Nationale. L'article 20 du projet de budget de 1876 autorisait la perception du droit des pauvres. Deux amendements furent déposés ; le premier de MM. Raoul Duval et Ganivet réorganisait complètement la taxe. Il fut retiré. Le second, présenté par M. Beau, avait pour objet d'abaisser à 3 0/0 le droit sur la recette brute des concerts non quotidiens. Il fut voté, mais tel que la commission du budget l'avait rédigé, en portant de 3 à 5 0/0 le taux remplaçant la quotité du quart. Toutefois le rapporteur, M. Tirard, avait fait remarquer, qu'on laissait de côté les cafés-concerts, les concerts-promenades, et les concerts-bals (séance du 3 août 1875, voir l'*Officiel* du 4, p. 6345). Malgré tout, le texte est bien vague ; il parle de concerts d'artistes, ou donné par des associations d'artistes ; or, en somme, tous les concerts sont donnés par des artistes, et l'application pourra donner lieu à des difficultés.

Telle est la dernière réforme qu'a subie la taxe instituée en l'an V. De ce que la quotité varie suivant les hypothèses naît une controverse, celle de savoir quel est le texte de droit commun, quel est le taux applicable quand une fête n'aura pas un caractère nettement déterminé, et ne rentrera pas évidemment dans l'une des catégories spécifiées dans les dispositions législatives. De l'étude des lois et décrets, il ressort une règle générale, le prélèvement du quart de la recette brute, et deux exceptions : la perception du 10ᵉ en sus, et celle de 5 0/0. L'article 2 de la loi de thermidor dit en effet : Le droit d'un décime par franc établi à l'entrée des bals, feux d'artifice, concerts, courses et exercices de chevaux et *autres fêtes où l'on est admis en payant,* est porté au quart de la recette. Les derniers mots sont d'une acception fort large ; c'est, en cas de doute, ce paragraphe, que nous appliquerons.

Toutefois on nous oppose une décision ministérielle du 9 mai 1809, ainsi conçue : Sont assimilés aux spectacles pour la quotité du droit à percevoir les établissements où se jouent des pantomimes et des scènes équestres, comme les cirques, les hippodromes, les salles de curiosités et d'expériences physiques telles que les musées de personnages en cire, les représentations de prestidigitation, etc... Mais on peut répondre d'une façon bien simple que le Ministre n'a aucun pouvoir pour modifier la loi, que les termes de cette loi sont absolument clairs, et qu'elle a été simplement mal interprétée, ce qui ne l'empêche pas de rester en vigueur.

Quoi qu'il en soit, la perception du quart pour nombre de spectacles a paru bien rigoureuse à l'administration elle-même, et, à Paris en particulier, on en a atténué en fait la rigueur. Qu'est-ce que cela prouve ? Tout simplement, que sur ce point particulier comme sur toute la matière de l'assistance, une refonte de la législation est nécessaire, indispensable.

Nous venons de dire que l'administration modérait la taxe, les entrepreneurs de spectacles trouvent cependant la quotité encore excessive, et dans l'*Économiste* du 8 janvier 1876, on lit une lettre de M. Arban « qui élève la voix contre la mesure extra-arbitraire en vertu de laquelle on frappe les bals masqués de 15 0/0 de la recette brute ». Légalement on pourrait leur demander le quart, car je ne pense pas que le réclamant range les fêtes dont s'agit, parmi « les spectacles où se donnent les pièces de théâtres ». Et d'ailleurs comme, le fait si justement remarquer le rédacteur de l'*Économiste*, pourquoi les bals masqués, ne seraient-ils pas taxés, aussi bien que les autres industries. Moins que beaucoup d'autres celle-ci mérite des faveurs spéciales « et si les billards paient, les cercles paient, le sucre paie, le café paie, si tous ceux qui tiennent des cercles ont le bon goût de ne pas se plaindre, pourquoi les entrepreneurs de bal masqués ont-ils la langue aussi intempérante ? » Leurs réclamations semblent d'autant moins plausibles qu'on ne leur applique pas le texte à la lettre, et qu'on pourrait fort bien le leur appliquer.

Il nous reste une deuxième question : celle de savoir sur quels éléments de la recette le droit des pauvres va être prélevé. Etant donné que cette taxe est perçue sur le spectateur, elle doit porter sur la recette brute, sur l'ensemble des prestations exigées du public. Cependant, tel n'est pas l'avis général, et, en 1851, M. Sautayra, député, proposait à l'Assemblée Nationale d'établir l'impôt sur la recette nette, déduction faite des dépenses. Sa proposition, discutée dans la séance du 12 mars (*Moniteur* du 13), ne fut pas prise en considération, sur cette observation de M. Dupin, qu'il serait bien difficile d'établir *a priori* le chiffre des dépenses, et que la taxation allait donner lieu à bien des chicanes.

De ce que l'impôt est perçu sur le spectateur, il résulte, en outre, que, si les billets sont gratuits, le droit des pauvres ne doit pas être prélevé. Les textes des différentes dispositions légales ne peuvent nous laisser aucun doute à cet égard. Le législateur parle de prix d'entrée, de spectacles où l'on est admis en payant, etc. Nous ne pouvons qu'approuver le Conseil d'Etat qui, dans un arrêt du 8 janvier 1831 (Lebon, 1831, p. 11), décide que la taxe doit atteindre tous les billets d'entrée *non gratuits*.

Mais seuls ces billets gratuits doivent être exemptés. Nous imposerions les billets à demi-droit, les billets d'auteur (voir à ce sujet l'arrêt du conseil de préfecture de la Seine, en date du 25 février 1864, rapporté dans Cros-Mayrevieille, *op. cit.*, p. 57), les places que les propriétaires d'une salle de spectacle se sont réservés dans le bail passé avec le directeur (aff. de la salle Ventadour, C. d'Etat, 8 juin 1854, Lebon, 1854, p. 553), et nous ferions supporter au spectateur le droit à payer, malgré l'opinion contraire de MM. Lacan et Paulmier (*Législation des théâtres*), et de Dalloz (*Rép. alph., Théâtre-spectacle*, n° 131).

D. *Compétence.* — Nous trouvons à ce sujet un texte formel, l'arrêté du 10 thermidor an XI, qui dispose que les contestations relatives au droit des pauvres seront décidées par les préfets en conseil de préfecture. Mais le décret du 8 fructidor an XIII assimile le recouvrement du droit des pauvres à celui des contributions, et dès lors les difficultés concernant ce recouvrement seront de la compétence du conseil de préfecture. C'est en ce sens, du reste, que s'affirme la jurisprudence du

Conseil d'Etat (11 nov. et 31 déc. 1831, *Recueil*, 1831, p. 436 et 485, 15 mai 1835, *Recueil*, p. 346), sauf un arrêt contraire du 5 avril 1831 (*Recueil*, 1831, p. 298), qui est unique pour la négative.

Quant au mode de perception du droit des pauvres, nous l'étudierons en parlant de la comptabilité des bureaux de bienfaisance ; il nous reste à examiner les reproches qu'on lui a adressés.

Il y a longtemps que les directeurs de théâtre tendent à présenter le droit des pauvres comme un impôt inique, exorbitant, établi sur une industrie spéciale au mépris de toute justice. Il est bien simple de répondre que l'impôt dont il s'agit n'est en réalité qu'une taxe de consommation levée sur le spectateur et non sur l'entreprise théâtrale. Dès lors, il est difficile de comprendre comment un industriel peut être ruiné par un impôt qu'il ne paie pas. D'ailleurs, les chiffres sont instructifs, et la somme des recettes brutes monte, d'après les statistiques officielles, d'année en année, au moins pour les théâtres de Paris. D'ailleurs, pour beaucoup, au lieu d'être une cause de perte, le droit a été précisément une source de profits. Il est assez facile de le démontrer. Jadis, la perception de la taxe se faisait à la porte des théâtres, à un guichet spécial. Pour se faire donner un fauteuil d'orchestre, on payait 6 fr. au guichet du théâtre, et 0 fr. 60 au guichet des pauvres. Il a plu aux directeurs de faire disparaitre la distinction ; fort bien ; seulement aujourd'hui nous payons un fauteuil 7 fr. en chiffre rond. L'entrepreneur de plaisir a gagné à la réforme 0 fr. 40. L'impôt dont nous parlons, irréprochable à sa base, ne justifie donc pas les reproches dont on l'abreuve, et sauf une refonte, pour éviter les difficultés d'interprétation, il doit être maintenu.

2° Autres produits communs à tous les établissements de bienfaisance.

Outre les taxes dont nous venons de parler, les établissements de bienfaisance perçoivent en commun :

1° Des confiscations. D'abord, la loi du 3 mai 1844 dispose qu'en cas d'infraction à la prohibition de vendre, transporter et colporter le gibier pendant le temps où la chasse est fermée, le gibier sera saisi et immédiatement livré à l'établissement de bienfaisance le plus voisin.

Puis la loi du 27 mars 1851, tendant à la répression de certaines fraudes dans la vente des marchandises, dispose que les objets dont la vente, usage ou possession constituent le délit, seront confisqués ; mais que dans le cas où ils seraient propres à un usage alimentaire ou médical, le tribunal pourra les mettre à la disposition de l'administration pour être attribués aux établissements de bienfaisance. Certains tribunaux ont fait l'application de cette disposition aux vins fuchsinés, et ont décidé qu'ils seraient alambiqués et transformés en alcools au profit des établissements charitables ;

2° Les bénéfices des monts-de-piété, en vertu de la loi des 8 mars, 12 avril, 24 juin et 24 juillet 1851, art. 5, ainsi conçu : « Lorsque la dotation suffira tant à cou-

vrir les frais généraux qu'à abaisser l'intérêt au taux
.légal de 5 0/0, les excédents de recette seront attribués aux hospices ou autres établissements de bienfaisance par arrêté du préfet, sur l'avis du conseil municipal.

3° Quêtes, collectes et troncs.

Le droit, pour les bureaux de bienfaisance, de se procurer ainsi une série importante de ressources résulte
de l'arrêté du 5 prairial an XI, qui autorise les administrateurs des hospices et bureaux de bienfaisance « à
faire quêter dans tous les temples consacrés à l'exercice
des cérémonies religieuses » ; de l'art. 1er du décret du
12 juillet 1806, qui dispose dans les termes suivants :
« Les administrateurs des bureaux de bienfaisance sont
autorisés à faire par eux-mêmes des quêtes et à placer
des troncs dans chaque église paroissiale de l'Empire » ;
enfin du décret du 30 septembre 1809, qui ajoute : « Les
quêtes pour les pauvres devront avoir lieu dans les
églises toutes les fois que les bureaux de bienfaisance le
jugeront convenable. » De ces trois textes, il ressort
que les bureaux de bienfaisance peuvent quêter dans
les édifices religieux. Mais dans quels édifices religieux ?
L'article de l'arrêté de l'an XI emploie, probablement
avec intention, si l'on se rappelle qu'on se trouve à une
année à peine du Concordat et des articles organiques,
l'expression la plus large possible, celle de temples. Il
en résulte que le droit existe dans tout édifice, pouvant

porter ce nom, à quelque religion qu'il appartienne : catholique, protestante, juive. Mais nous ne pouvons nous rallier à l'opinion de M. le ministre des cultes de 1866 (1) qui, dans une lettre adressée à son collègue le 27 mai de la même année, refuse aux administrateurs la faculté de se faire remplacer. Il s'appuie sur le décret de 1806, qui s'exprime ainsi : « Les administrateurs sont autorisés à faire *par eux-mêmes* des quêtes. » D'après lui, les mots « par eux-mêmes » entraîneraient la perte, pour les membres des commissions, de la faculté de *faire quêter*. Mais, à la phrase suivante, nous pouvons prendre M. le ministre lui-même en flagrant délit de contradiction. Car il ajoute : « S'ils veulent se faire remplacer, leur choix doit être agréé préalablement par les curés et desservants. » Si les quêtes ne doivent être faites que par eux-mêmes, d'après le décret, comment l'autorisation du curé habiliterait-elle un mandataire ? C'est ce qu'il est difficile de démontrer.

Que les administrateurs puissent quêter dans les églises, pour les pauvres, et à tous les offices, tout le monde l'admet, mais une controverse grave s'est élevée sur le point de savoir s'ils avaient *le droit exclusif* de faire des quêtes. Un avis du Conseil d'Etat du 6 juillet 1831 a admis l'affirmative. Deux avis du Conseil d'Etat du 8 mars 1873 et du 24 mars 1880, un arrêt de la Cour de Caen, ont décidé en sens contraire. On les a, la passion politique aidant, violemment attaqués. Sans doute, les bureaux de bienfaisance, a-t-on dit, ne doivent pas em-

1. V. Béquet, *Ass. publique*, n° 671, en note.

pêcher les souscriptions organisées pour soulager une infortune particulière. L'administration n'a jamais réclamé le monopole de la charité. Mais la prétention que nous émettons ne va pas si loin. Nous disons simplement que, si le don ne vise pas d'une manière spéciale une misère particulière, la loi et les principes lui imposent un intermédiaire obligé. La bienfaisance se produit sous deux formes : la charité, l'assistance. Du moment où on ne fait pas la charité, on donne à l'assistance, à un service public, qui ne peut pas admettre de concurrence à l'occasion de ses attributions (1).

Mais à notre avis, reste à savoir si on ne peut considérer une quête comme l'exercice de la charité ; reste à savoir si la charité ne peut se faire par intermédiaire. Si l'on ne peut transmettre à un mandataire une somme, à l'effet de la distribuer entre un certain nombre d'individus, qu'on le charge de désigner, qu'il est absolument libre de choisir, comme le bienfaiteur aurait pu les choisir lui-même. Priver de ce droit, c'est singulièrement restreindre la liberté individuelle dans ce qu'elle a peut-être au monde de plus sacré. Donner au bureau de bienfaisance le droit exclusif de répartir l'argent de quêtes, c'est créer à son profit un monopole, un privilège qu'il faudrait appuyer sur un texte précis. Or, ce texte, nous ne le trouvons pas dans le décret de 1809, qui dispose simplement que les bureaux de bienfaisance peuvent faire des quêtes dans les églises toutes les fois qu'ils le jugent convenable. L'arrêté du 5 prairial an

1. *Des quêtes faites au profit des pauvres.* Ladrat, *R. d'ad.*, 1888.

XI, le décret du **12** septembre **1806** n'en disent pas davantage.

On va m'objecter que j'ai admis plus haut le bureau de bienfaisance comme représentant unique des pauvres, à qui sont faits des dons et legs. Mais la situation n'est plus du tout la même, en notre espèce il s'agit d'un don manuel ; en l'autre cas, de donations solennelles, et de dispositions testamentaires. Dans cette dernière hypothèse intervient un acte juridique, l'acceptation de la libéralité, qui appelle nécessairement l'intervention du représentant juridique de l'indigence. Mais ici pas le moindre acte de cette nature entre les pauvres bénéficiaires, et le bienfaiteur. Ce n'est pas comme représentant légal que se présente le quêteur ; il demande simplement au donateur de lui confier le soin de distribuer son aumône ; le donateur agit par procureur, et voilà tout.

Enfin qu'on me permette d'ajouter que ce système de monopole pourrait produire de funestes conséquences, car « si, l'existence simultanée de la charité publique et de la charité privée peut faire donner davantage, elle ne saurait faire donner moins. » (1).

Au nom des principes libéraux, au nom de l'intérêt de l'indigence, au nom de la liberté individuelle, on doit repousser le principe du privilège exclusif des quêtes au profit des établissements d'assistance communale.

Que dirons-nous *des loteries*? D'une façon générale, la loi du **21** mai **1836** les a défendues, mais son article 5 fait une exception en faveur des loteries d'objets mobi-

1. Seligman, *Revue Critique,* 1880, p. 304.

liers, exclusivement destinés à des actes de bienfaisance.
La circulaire du 22 décembre 1845 décide qu'on irait
contre le vœu de la loi, si l'on comprenait dans l'exception indiquée celles qui n'auraient pour but que de venir
en aide à des infortunes particulières. Ce seront donc,
le plus souvent, les bureaux de bienfaisance qui useront
de cette ressource. L'ordonnance du 17 juin 1844 dispose, que les autorisations à cet effet doivent être déli-
vrées par le préfet de police à Paris et dans le département de la Seine, et dans les autres départements par
les préfets, sur la proposition des maires. L'intervention
de l'autorité municipale est exigée, parce qu'elle est plus
à même que tout autre d'apprécier l'utilité de la mesure
à prendre. Le décret de 1861, art. 5, 6° abandonne au
sous-préfet l'attribution donnée à son supérieur, si la
loterie ne dépasse pas 2.000 francs. Les autorisations
ne sont accordées que pour un seul tirage, et le libellé
des billets, des prospectus et des annonces devra être
soumis aux représentants du pouvoir central. Quant le
capital d'une loterie excédera 5000 francs, le préfet
devra demander des instructions au Ministère de l'Intérieur ; et quand il dépassera 50.000, le préfet désignera
une commission de surveillance de cinq membres au
moins, dont les séances seront constatées par des pro-
cès-verbaux, destinés à être régulièrement transmis au
préfet. La liste des numéros gagnants avec l'indication
des lots échus à chacun d'eux, devra être adressée au
préfet dans les trois jours qui suivront le tirage ; et le
préfet réglera, selon l'importance du tirage, la publicité
à donner. On voit de quelles précautions le gouverne-

ment a entouré ce mode de ressources ; on a pour but de restreindre autant que possible les loteries qui ont donné lieu à de gros abus.

Collectes et troncs. D'après l'art. 3 de l'arr. min. int. du 5 prairial an XI, les commissions administratives ont le droit de procéder, tous les trois mois, à des collectes dans leurs arrondissements respectifs. Elles sont pareillement autorisées à faire poser dans les temples ainsi que dans les édifices affectés à la tenue des corps civils, militaires et judiciaires, dans tous les établissements d'humanité, auprès des caisses publiques, et dans tous les autres lieux où on peut être excité à faire la charité, des troncs destinés à recevoir les aumônes et les dons que la bienfaisance individuelle voudrait y déposer (art. 2 du même arrêté). La clef des troncs est confiée au maire, la levée en est opérée par un membre du bureau de bienfaisance délégué à cet effet, et par le receveur. Un procès-verbal des sommes et valeurs trouvées est alors dressé.

5° Subventions.

Les bureaux de bienfaisance peu dotés reçoivent en général une subvention de la commune, et on ne peut qu'encourager les municipalités dans cette voie. Les subventions sont comprises au budget ordinaire des

L. V. pour le surplus : circulaire du 4 nov. 1858. *Bulletin* 1858, p. 332.

Conseils municipaux, si elles sont destinées à contribuer aux dépenses courantes du service des secours ; on les trouve au budget extraordinaire, si elles servent à couvrir des frais de constructions ou de grosses réparations. par exemple, d'édifices affectés aux bureaux de bienfaisance. Ce qu'il faut regretter, comme nous l'avons dit au début de ce travail, c'est que l'on n'ait pas donné le caractère obligatoire à ces subventions, sauf, depuis la loi du 15 juillet 1893, en ce qui concerne l'assistance médicale. Certains auteurs ont cependant soutenu, avant la loi du 5 avril 1884, que la commune pouvait être forcée d'inscrire un crédit à cet effet. (1) Tout d'abord, la question ne semble pas pouvoir se poser pour les communes n'ayant pas d'octroi. Quant aux autres, il faut se rappeler qu'en principe toutes les dépenses communales sont facultatives, et que sont seules obligatoires les dépenses mises à la charge des communes par une disposition de loi ; de plus rappelons-nous le principe de non-spécialité, inscrit dans notre droit financier, et auquel on ne doit dès lors déroger qu'en présence d'un texte formel. Or que disent les lois ? Celle du 27 vendémiaire an VII, qui a créé l'octroi de Paris, dispose simplement : Il sera perçu, par la commune de Paris, un octroi municipal et de bienfaisance, spécialement destiné à l'acquittement de dépenses locales, et de *préférence*, à celle des hospices et des secours à domicile ? Un certain nombre de lois spéciales intervinrent pour le même motif, et s'exprimaient dans les mêmes termes jusqu'aux premiers jours

1. V. Chevalier. Caractère obligatoire des subventions allouées sur l'octroi. *Revue d'administration* (1883, 2, p. 145).

du Consulat. Ensuite la loi du 5 ventôse an VIII, ordonna qu'il serait établi des octrois municipaux dans les villes dont les hospices civils n'ont pas de revenus suffisants pour leurs besoins. Cette loi ne parle pas des bureaux de bienfaisance ; pour les hospices elle paraît imposer l'affectation obligatoire des ressources de l'octroi à leurs besoins. Mais, dans la circulaire explicative de la loi, Lucien Bonaparte montre bien que l'intention du législateur a été mal exprimée dans la rédaction votée, qu'il a voulu que l'octroi subvienne aux dépenses municipales et communales, comme aux besoins des hospices. L'octroi, ajoute le Ministre, doit donc s'établir dans toutes les communes dont les revenus ne sauraient suffire aux dépenses, quelle que soit la nature de ces revenus et de ces dépenses, ou la cause du déficit qu'elles éprouvent. (*Recueil des circ.*, t. Ier, p. 90). L'ordonnance du 9 décembre 1814, porte d'une manière générale, que les octrois sont établis pour subvenir aux dépenses qui sont à la charge de la commune, et la loi de 1816 est conçue dans le même sens. Arrivons en 1837, à la loi du 18 juillet qui refond la législation communale. Dans son projet primitif, le gouvernement avait compris dans la liste des dépenses obligatoires variables, les secours aux hospices, hôpitaux et bureaux de bienfaisance. A la Chambre des Pairs, M. le comte de la Villegontier, demanda que les secours au bureau de bienfaisance fussent facultatifs. Le Ministre de l'Intérieur adhéra à l'amendement qui fut voté. Le projet renvoyé à la Chambre ne fit plus mention des secours aux bureaux de bienfaisance, et d'ailleurs dans le texte voté on ne parla même plus des hospices. Quant à la loi du 5 avril 1884, elle a gardé à cet égard un silence significatif, consacrant ainsi la solution admise par la pratique.

Il résulte de ce qui précède que le concours financier des communes est, en principe, facultatif. Nous verrons bientôt que la loi récente du 15 juillet 1893 sur l'assistance médicale, a imposé à ces mêmes communes un contingent obligatoire.

Les départements peuvent voter des subventions à distribuer entre les bureaux de bienfaisance. En général, ils ne le font pas, préférant inscrire à leur budget des secours distribués sous le contrôle de leurs assemblées délibérantes.

Enfin l'Etat, en outre les subventions qu'il fournira désormais au service d'assistance médicale, inscrit à son budget une certaine somme destinée aux établissements de bienfaisance les plus nécessiteux. Les secours sont accordés par le Ministre de l'Intérieur, sur la proposition du Conseil général, qui les classe par ordre d'urgence.

6° Revenus de la dotation.

Cette dotation se compose de biens restitués, de biens concédés en remplacement de biens célés au domaine, de rentes sur l'Etat et les particuliers. La loi du 19 mars 1793 avait ordonné la mise en vente des biens des hôpitaux et établissements de bienfaisance. Mais cette mesure désastreuse fut heureusement bientôt rapportée. Une résolution du 20 ventôse an V, rendait ap-

plicable aux établissements formés pour les secours à
domicile (lisez : bureaux de bienfaisance), les articles de
la loi du 16 vendémiaire an V, qui conservaient aux
hospices ceux de leurs biens qui n'avaient pas été vendus, et déterminaient le mode de remplacement de
ceux qu'on avait aliénés. D'après ces dispositions, les
établissements de bienfaisance étaient conservés dans la
jouissance de leurs biens et des rentes et redevances
qui leur étaient dues par le Trésor et par les particuliers. Les biens vendus devaient être remplacés en
biens nationaux du même produit. Et voici le mode
d'appréciation : les administrations centrales des départements se faisaient remettre l'état des biens aliénés
ayant appartenu aux établissements de bienfaisance de
leur territoire (hôpitaux, bureaux de charité). Après
estimation par experts, dont un nommé par elles et
l'autre nommé par les directeurs des domaines nationaux, les administrations précitées désignaient les biens
concédés en remplacement. Le travail, ainsi préparé,
était définitivement approuvé par une loi. De plus, si
les hospices ou bureaux anciens jouissaient de quelque
redevance sur les domaines nationaux vendus, ou des
biens de particuliers ayant payé le prix de rachat au
Trésor, ce même Trésor devrait désormais en verser la
somme représentatrice aux établissements reconstitués.
Telle est, dans ses dispositions principales, la première
loi réparatrice du domaine charitable. Elle fut suivie
d'autres textes, conçus dans le même esprit. Aux termes
de la loi du 4 ventôse an IX, toutes rentes appartenant
à la République, dont la reconnaissance et le paiement

se trouveraient interrompus, et tous domaines nationaux qui auraient été usurpés par des particuliers, sont affectés aux besoins des hospices les plus voisins de leur situation. Un arrêté du 9 fructidor an IX, dont nous avons déjà parlé, a rendu ce texte de ventôse applicable aux bureaux de bienfaisance. Ceux-ci désormais vont donc jouir des biens *célés* au domaine, dont ils poursuivront la recherche et la restitution concurremment avec les hospices, aidés d'ailleurs par les préfets, notaires et autres fonctionnaires qui auraient connaissance de rentes et domaines de cette espèce. Déjà, du reste, l'arrêté du 27 prairial an IX, avait décidé l'affectation au service des secours à domicile des biens jadis destinés à l'entretien et au logement des hospitalières, des filles attachées aux anciennes corporations vouées aux soins des pauvres et des malades, ainsi que (et le texte est ici fort général) ceux destinés à l'acquit de fondations relatives à des services de bienfaisance et de charité, à *quelque titre et sous quelque dénomination que ce soit.*

Le décret du 2 juillet 1807 augmenta encore la dotation des bureaux, en interprétant d'une façon très large l'arrêté de l'an IX, et en comprenant dans ses termes les institutions diverses connues sous le nom de caisses de secours, de charité ou d'épargne, dont le but était le soulagement des pauvres.

Tels sont les divers textes, qui ont reconstitué le patrimoine des pauvres. Depuis il n'a cessé de s'augmenter mais, à l'heure actuelle, il comprend surtout des rentes, étant donné la tendance gouvernementále sur laquelle nous nous sommes expliqués plus haut.

§ 2. — Recettes extraordinaires.

Dons et legs. De cette catégorie nous avons exposé les principes ; il est inutile d'y revenir.

De même, à propos des actes de la vie civile des bureaux de bienfaisance, nous avons parlé de l'aliénation des biens et rentes, du remboursement des capitaux. Nous pouvons donc passer rapidement sur les différentes recettes extraordinaires auxquelles donnent lieu ces actes. Mais il nous reste à parler des emprunts.

Emprunts.— Les emprunts font l'objet d'une délibération de la commission administrative, qui porte sur le taux de l'intérêt à servir, le mode d'emprunt, le mode et le délai de remboursement, les garanties à donner au prêteur. Mais cette délibération n'est naturellement pas exécutoire par elle-même, et le régime des autorisations est réglé par l'article 119 de la loi du 5 avril 1884, qui est lui-même la reproduction textuelle de l'article 12 de la loi de 1867. Jusqu'en 1867 on appliquait les principes admis pour les communes.

Nous avons vu que le Conseil municipal est appelé ici à donner son avis, comme sur un certain nombre d'actes de la vie civile des bureaux de bienfaisance ; mais l'avis du Conseil a, dans cette matière, une conséquence assez importante ; s'il est défavorable, l'autorité chargée d'approuver est le pouvoir central. Résumons d'ailleurs le texte : la délibération de la commission est exécutoire sur l'approbation du préfet, à la triple condition que l'avis du Conseil municipal soit favorable, que la somme à emprunter ne dépasse pas le chiffre des revenus ordinaires de l'établissement et que le délai de remboursement ne dépasse pas douze ans. Il est statué par décret simple, si l'emprunt dépasse le chiffre des revenus ordinaires ou s'il est remboursable en plus de douze ans. Si l'avis du Conseil municipal est défavorable, ou s'il s'agit d'un établissement ayant plus de 100.000 francs de revenus, il faut un décret en Conseil d'Etat. Enfin une loi est nécessaire (et c'est le seul cas où le législateur intervient directement, en ce qui touche les bureaux de bienfaisance), si la somme à emprunter dépasse 500.000 francs, soit à elle seule, soit réunie à d'autres emprunts non encore remboursés.

On voit que le contrôle est ici fort sévère, et il se justifie pleinement, l'emprunt étant l'acte le plus grave, parce qu'il engage l'avenir, qu'un établissement public accomplisse. Mais précisément, à cause de cette rigueur, on s'est demandé s'il fallait étendre les règles relatives aux emprunts au cas de simple répartition d'un paiement en plusieurs annuités. La question s'est présentée à propos des communes et le Conseil d'Etat a assimilé aux emprunts le paiement par annuités, consacrant la doctrine du Ministère de l'intérieur. Dans des circulaires du 12 août 1840, 10 septembre 1840, 15 juin 1855, 11 mai 1864, l'administration avait, en effet, rappelé aux préfets que « c'était emprunter, dans le vrai sens du mot, que de contracter, sous quelque nom que ce soit, des obligations que l'avenir devra acquitter. » La Cour de cassation a, au contraire, jugé (V. arrêt du 14 août 1865, D. P. 66, 3, 26), que l'opération par laquelle une commune achète un immeuble payable en plusieurs annuités ne constitue pas nécessairement un emprunt et n'est pas dès lors soumise nécessairement aux formalités prescrites en matière d'emprunt : « attendu, dit l'arrêt, qu'il n'existe aucune disposition de loi qui déclare devoir être considérées comme des emprunts les acquisitions faites par les communes, payables à termes et passibles d'intérêts. »

Une dernière remarque à faire sur les règles d'autorisation. Si le Conseil municipal s'obstine à ne pas émettre d'avis, quelle serait l'autorité compétente ? La question est résolue dans un article sur les emprunts des établissements de bienfaisance (de la *Revue des établissements de bienfaisance*, 1885, p. 133). Il faudrait un décret, car il n'y a pas avis conforme ; mais on n'exigerait pas un décret en Conseil d'Etat, car il n'y a pas avis contraire.

L'emprunt peut être fait à des particuliers, à la Caisse des dépôts et consignations ou au Crédit foncier. Contractés avec des particuliers, les emprunts ont lieu sous forme d'adjudication ou de souscription publique. Dans ce cas, ils sont soumis aux règles édictées par le décret du 23 juin 1879 pour les communes et les départements qui est étendu aux établissements d'assistance publique, (art. 61). Nous ne pouvons entrer dans le détail des articles, qui traitent de la souscription et de l'émission des titres, de leur forme et de leur transmission en cas de perte ou de vol, du paiement des coupons et du

remboursement des obligations. D'ailleurs, il y a lieu
de faire remarquer que ces dispositions seront bien
rarement appliquées aux bureaux de bienfaisance, qui
n'auront presque jamais recours au mode d'emprunt prévu
par le décret.

S'il y a emprunt fait au Crédit foncier, il peut y avoir
constitution d'hypothèque. Cette hypothèque doit être
autorisée par le préfet, chargé d'approuver les aliénations d'immeubles, la capacité d'hypothéquer se rattachant en général, et aux termes du Code civil, à la
capacité d'aliéner, et l'hypothèque étant d'ailleurs un acte
grave, qui ne saurait être fait par la commission sans
l'habilitation du pouvoir central. Cette constitution d'hypothèque peut faire naître une question intéressante.
Supposons que l'établissement ne remplisse pas ses
obligations, que, dans l'espèce, il ne paie pas ses annuités à échéance, le créancier va-t-il pouvoir user de son
droit hypothécaire ? Je pense qu'aux termes de l'article
2 de l'ordonnance du 6 juillet 1846, s'il y avait lieu à
expropriation de l'établissement, il faudrait un décret
pour vendre les biens hypothéqués.

§ 3. — *Dépenses.*

Comme les recettes, elles se divisent en deux catégories. Parmi les dépenses ordinaires, nous citerons, outre
les secours distribués, les frais des diverses œuvres
de bienfaisance organisées, les gages des employés, l'entretien et le logement des sœurs, avec lesquelles le bureau a pu traiter, l'entretien et la réparation des biens

ruraux, des bâtiments et du mobilier et ustensiles nécessaires au service, les frais de bureau, enfin les impôts. Pour la contribution foncière, il faut distinguer
entre les immeubles affectés au service public, et les biens
productifs de revenus. Les premiers sont exemptés par
les termes généraux de l'article 105 de la loi du 3 frimaire an VII. C'est du moins ce qu'a conclu le Conseil
d'État dans un arrêt du 11 janvier 1853 (Lebon, 1853 p.
65), en s'appuyant de plus sur le décret du 11 août 1808,
aux termes duquel les dépôts de mendicité, hospices et
tous autres bâtiments dont la destination a pour objet
l'utilité publique, sont exemptés de la contribution foncière. Quant aux immeubles urbains, qui seraient possédés par les bureaux de bienfaisance, et dont ils tire-
raient profit et ressource, il demeure entendu, qu'on
les taxera, de même que les immeubles ruraux non bâ-
tis ; les premiers seront imposés à la contribution de
quotité des propriétés bâties, les seconds à l'impôt foncier de répartition. L'arrêt précité a tranché le point de
savoir, si les bureaux de bienfaisance devaient la contribution des portes et fenêtres. Il a fait la même distinction que pour l'impôt foncier, et n'a pas adopté
l'avis du Ministre, qui prétendait que pour tous leurs
bâtiments les établissements de secours à domicile devaient la susdite contribution. D'ailleurs, la question ne
semble pas douteuse en présence des termes généraux
de l'art. 5 de la loi du 4 frimaire an VII, qui exempte :
les portes et fenêtres des bâtiments employés à un service public civil, militaire, ou d'instruction, ou aux hospices (Le texte ne place pas spécialement les bureaux de

bienfaisance, à côté des hospices, pour une raison bien simple ; les bureaux de bienfaisance ne devaient être créés que quelques jours après). Toutefois, ajoutons que si des employés sont logés dans les bâtiments affectés, ils sont redevables de l'impôt cité. Quant à la mobilière, elle ne sera due sur les immeubles appartenant à des établissements de bienfaisance que pour les parties servant à l'habitation personnelle. Enfin, je ne vois pas de raison d'exempter ces personnes morales de la patente, si par hasard elles exploitaient un commerce ou un industrie du même genre que les particuliers.

Parmi les taxes assimilées, nous signalerons la taxe des biens de main-morte, qui devra être acquittée par les bureaux de bienfaisance. Enfin, l'établissement, dont nous parlons, paiera, comme les particuliers, les taxes de balayage, pavage, trottoirs, assainissement, qui ne sont, à proprement parler, que le remboursement d'une dépense faite pour tous.

Rien de particulier à dire pour les impôts indirects ; quant à l'enregistrement, rappelons, qu'en principe les actes administratifs en sont affranchis, comme ils sont exemptés du timbre, sauf l'exception édictée par l'article 78 de la loi du 15 mai 1818, qui assujettit à ces deux impôts : les actes administratifs portant transmission de propriété, d'usufruit ou de jouissance, les adjudications et marchés de toute nature, les cautionnements relatifs à ces actes.

Section II. — Formation du budget.

En ce qui touche l'établissement même du budget, trois opérations sont à étudier : la préparation, le vote, le règlement par l'autorité supérieure.

1° Il semble que pour les bureaux de bienfaisance les deux premières phases devraient se confondre, le pouvoir exécutif et le pouvoir délibérant se trouvant confondus aussi entre les mains de la commission administrative. Cependant les besoins de la pratique ont exigé qu'un membre désigné sous le nom d'ordonnateur, et dont nous étudierons les fonctions, jouât ici le rôle du maire pour la commune, du préfet pour le département. Cet ordonnateur doit fournir du 1er au 15 avril de chaque année son projet de budget, en y joignant le budget de l'année précédente, avec les chapitres additionnels, l'état des restes à payer et à recouvrer, son compte d'administration, et le compte de gestion du receveur (Voir à ce sujet, Béquet, *Assistance Publique*, n° 749). Il y énumère les recettes et le chiffre auquel il les évalue pour l'année suivante ; il met en regard les dépenses auxquelles il faudra pourvoir.

2° La commission vote les divers crédits inscrits et les recettes y afférentes. Puis transmet au Conseil municipal son travail au moment de la session de mai. C'est à cette époque, en effet, que cette dernière assem-

blée doit voter elle-même son budget; il est bon à différents points de vue, qu'elle ait alors sous les yeux le
budget des bureaux de bienfaisance.

3° Alors intervient le pouvoir central. En vertu du décret du 25 mars 1852, et des termes généraux de ce
texte qui soumettait au préfet « tous objets d'assistance
publique », c'était ce fonctionnaire qui réglait le budget
des bureaux de bienfaisance. Depuis le décret du 13
avril 1861, l'attribution a été dévolue à son subordonné
hiérarchique. *Quelle que soit la quotité des revenus* des
établissements, dont nous parlons, c'est maintenant le
sous-préfet, qui approuve. Quels sont ses droits? Le décret du 31 mai 1862, dans son article 547 dispose : «... en
ce qui concerne les budgets et comptes des bureaux de
bienfaisance, les sous-préfets statuent pour les établissements de leur arrondissement respectif *en conformité*
des art. 490 à 498 et 509 à 511 du présent décret». De la
lecture de ces articles résultent les principes suivants,
que nous appliquerons en notre matière. Les dépenses
votées par la commission peuvent être rejetées ou ré-
duites par l'autorité qui règle le budget; elles ne peuvent être augmentées, et il ne peut en être introduit de
nouvelles qu'autant qu'elles sont obligatoires. Seulement
le texte a oublié de dire quelles sont les dépenses obligatoires, il a omis de les énumérer limitativement. Étant
donné ce silence, étant donné le caractère général de la
tutelle imposée aux bureaux de bienfaisance, nous
sommes forcés d'attribuer au sous-préfet tous pouvoirs.
Toutefois, ainsi que l'expose la circulaire explicative du
décret de 1861, l'allocation d'un crédit ne donne pas au

sous-préfet le droit de faire la dépense, lorsque cette dépense se lie à une mesure qui exige par elle-même une autorisation spéciale. Ainsi, l'allocation d'un crédit pour fournitures ne dispensera pas le bureau de bienfaisance de demander au préfet l'autorisation de traiter de gré à gré dans les cas spécifiés par l'ordonnance du 14 novembre 1837. De même, s'il s'agit d'un crédit alloué en dépense pour achat de terrain, ou en recette pour vente, le préfet reste seul compétent pour autoriser l'acquisition et l'aliénation.

Telles sont les règles de l'approbation, si elle n'était donnée en temps utile, les dépenses et les recettes ordinaires continueraient à être faites conformément au budget précédent jusqu'à la mise en vigueur du nouveau budget.

Ce ne sont pas seulement les crédits primitifs, qui sont soumis à la tutelle du sous-préfet, c'est encore le budget supplémentaire. Il se compose : 1º du solde de l'exercice précédent ; 2º des restes à payer ou à recouvrer ; 3º des chapitres additionnels de recettes et de dépenses, que les circonstances non prévues au moment du vote primordial font surgir dans le courant de l'exercice. Ce budget supplémentaire est voté en avril, en même temps que celui de l'année suivante. Il suit les mêmes règles.

Enfin, par hasard, et après le vote du budget supplémentaire, il se peut rencontrer des dépenses aussi urgentes qu'inopinées ; elles formeront des crédits additionnels, votés par la commission administrative, soumis pour avis au Conseil municipal, et approuvés par le sous-préfet.

Avant de terminer sur ce point, signalons une difficulté peu sérieuse qui s'est produite. Aux termes de la
loi de 1867, les villes et les établissements de bienfaisance qui avaient 3 millions de revenus voyaient leur
budget soumis à l'approbation du chef de l'État. La loi
de 1884 ne parle plus que du budget des villes. Or,
dit-on, elle a formellement abrogé la loi de 1867 dans
son article 168. L'opinion est soutenable. La question,
du reste, n'a pas d'intérêt pratique ; les bureaux de
Paris, soumis à une législation spéciale, atteignent
seuls le chiffre de 3 millions de revenus.

Section III. — Exécution du budget.

A l'exécution du budget deux agents concourent :
l'ordonnateur et le comptable. L'ordonnateur, c'est,
comme nous l'avons dit déjà, un des membres de la
commission ; le comptable, c'est le receveur. Avant de
parler de la comptabilité, quelques détails nous parais-
sent nécessaires à donner sur ce dernier fonctionnaire.
Aux termes du décret du 31 mai 1862, la gestion financière des hospices et bureaux de bienfaisance, dont les
revenus n'excèdent pas 30.000 francs est confiée de
droit au receveur municipal. Au-dessus de cette limite,
le receveur municipal peut être appelé à la gestion des
établissements de bienfaisance, en vertu du consente-
ment des administrateurs. Mais, si les commissions le dé-
sirent, elles ont la faculté de se faire nommer par le

préfet, et sur une liste de trois candidats présentés par elles, un receveur spécial. De même, si les recettes de l'hospice et du bureau de bienfaisance combinées atteignent 30.000 francs, s'il y a accord des deux commissions, un receveur spécial peut être désigné dans les mêmes conditions. Comment déterminer ce chiffre de 30.000 francs ? Évidemment on entend par là les recettes ordinaires, le texte parle de « revenus » ; mais faut-il, comme pour les communes, qu'elles aient atteint ce chiffre durant les trois dernières années ? Oui, si la loi de 1884 s'applique à la comptabilité des bureaux de bienfaisance. Ceci nous semble fort douteux. Le décret de 1862 dispose, que les règles de la comptabilité des communes s'appliquent aux établissements de bienfaisance ; mais les règles, dont parle le texte, ce sont celles spécifiées ou rappelées dans le décret et non pas celles de la loi de 1884, spéciale à l'organisation communale, et en général celles de la législation postérieure. Or, c'est la loi de 1884 qui a innové en exigant les trois dernières années, et dès lors, si, dans le budget précédent, le bureau ou l'hospice et le bureau réunis, ont perçu 30.000 francs, leurs commissions pourront exiger la création d'un receveur spécial.

Le receveur spécial est donc nommé par le préfet. La circulaire pour l'exécution de la loi de 1873 (*Bulletin*, 1873, p. 321), rappelle qu'il y a ici deux garanties auxquelles la Cour des comptes s'est toujours particulièrement attachée. La première, c'est que le comptable n'exerce pas cumulativement un autre emploi comportant la tenue d'une caisse et d'une comptabilité, comme ceux de notaire, d'huissier, d'agent d'une compagnie d'assurances, etc. ; la seconde, consiste à proscrire le cumul des fonctions de receveur charitable avec celles de secrétaire de la commission. « Il importe, dit la circulaire, dans l'intérêt de la bonne gestion et du contrôle sérieux des finances hospitalières (même motif pour les bureaux de bienfaisance) de séparer le comptable de l'ordonnateur; par ses rapports constants avec la commission administrative, le secrétaire est amené à participer indirectement aux actes de la commission et à la surveillance, que celle-ci est tenue d'exercer sur les opérations du receveur. »

Le receveur, entrant en charge, est obligé de fournir un cautionnement. Les textes sur cette matière sont l'arrêté du 16 germinal an XII, les ordonnances du 31 octobre 1821, du 15 octobre 1823, et du 6 juin 1830, la loi du 27 février 1884. Le principe de l'obligation est ainsi posé dans l'article Ier de l'arrêté de germinal an XII : « Les receveurs des hôpitaux et autres établissements de charité qui reçoivent des appointements ou taxations fourniront, sur la fixation qui en sera arrêtée par les préfets, un cautionnement en numéraire ». Ce cautionnement doit-il consister en meubles ou en immeubles ? D'après l'arrêté de germinal an XII, et l'ordonnance de 1821, il devait être versé dans les caisses des Monts-de-piété, qui donnaient un intérêt au comptable. D'après l'article 6 de l'ordonnance du 9 juin 1830, relative à l'administration et à la comptabilité des hospices et établissements de bienfaisance, on le fournira, à l'avenir, en immeubles ou en rentes sur l'Etat. Toutefois, le Ministre de l'Intérieur pourra, s'il y a lieu, autoriser les comptables à le fournir encore en deniers, et suivant les règles de l'ordonnance de 1821. « Les cautionnements en immeubles. dit l'article 5 de la même ordonnance, seront établis sur des immeubles libres et francs de toutes hypothèques et d'une valeur qui excèdera d'un tiers au moins la fixation en deniers du cautionnement. » Ceux fournis en rentes consisteront en toutes inscriptions des différentes espèces de rentes sur l'Etat (je m'appuie, pour décider ainsi, sur l'article 6 de l'ordonnance, qui énumère le 5 0/0, le 4 1/2, le 3 0/0). Le taux de ces rentes sera calculé, au cours de la Bourse au jour de la nomination (décret du 31 janvier 1872).

Mais comment sera déterminé le chiffre du cautionnement ? Les règles ont varié sur ce point, et nous en trouvons l'historique dans un rapport de M. Malens (annexe, n° 169, Documents Parlementaires, Sénat, 1883, p. 774) sur le projet de M. Léon Say, devenu la loi du 27 février 1884. Jusqu'en 1847, le montant des cautionnements était calculé uniformément en proportion des recouvrements à opérer, et équivalait au douzième de ces recouvrements. Mais dans beaucoup de perceptions importantes les résultats de ce système suscitaient des réclamations et des embarras. Par la loi de finances du 8 août 1847, il a été décidé que les cautionnements des percepteurs seraient déterminés suivant les bases ci-après : 10 0/0 sur les premiers 100.000 francs des rôles *généraux* et supplémentaires, 6,50 0/0 sur les 400.000 francs suivants, 5 0/0 sur toute somme excédant 500.000 francs. Le taux subissait une diminution à mesure que les recouvrements s'élevaient. Et la loi de finances du 8 août 1864 avait disposé que les cautionnements des receveurs des bureaux de bienfaisance seraient fixés conformément aux bases adoptées par la loi du 8 août 1847.

Les recettes fixes ayant considérablement monté depuis 1871, les receveurs municipaux et des bureaux de bienfaisance touchant un traitement fixe depuis le décret du 27 juin 1876, la légistation a dû être modifiée, et la loi du 27 février 1884 a consacré les principes suivants:Les receveurs spéciaux des hospices et bureaux de bienfaisance sont assimilés aux receveurs spéciaux municipaux pour le calcul du montant de leur cautionnement.

Or ceux-ci sont divisés en trois classes suivant les traitements : 1° traitement de + 10.000 francs, neuf fois le montant en cautionnement ; traitement de + 50.000, 6 fois et demie ; traitement de — 5000 quatre fois et demie.Toutefois il faut remarquer qu'aux termes de l'ordonnance de 1823,il n'est exigé aucun cautionnement des receveurs,quand les revenus ordinaires n'excèdent pas 1000 francs.Quant aux percepteurs,qui sont en même temps receveurs, leur cautionnement général garantit leurs débets spéciaux aux services d'assistance. Ils donnent une somme égale à trois fois le montant des émoluments payés par le trésor, les communes et les établissements de bienfaisance. Les bases de fixation ne sont donc pas les mêmes pour les deux catégories de comptables. De plus, le receveur des finances est tenu de couvrir le déficit constaté des percepteurs receveurs, tandis que les receveurs spéciaux garantissent seuls leur gestion financière. Enfin les premiers versent leur cautionnement au trésor, les seconds sont régis par l'ordonnance de 1830.

A cette question du cautionnement, se rattache celle de l'hypothèque légale. Le bureau de bienfaisance, établissement public, jouit de l'hypothèque légale sur tous les biens de son receveur, mais il ne peut invoquer la loi de 1807, qui établit au profit du *Trésor public* un privilège sur les biens des comptables. Les privilèges ne s'étendent pas.

Nous avons vu que le cautionnement est basé sur le traitement. Quel est ce traitement? Une circulaire du 1er août 1876 nous donne à ce sujet des détails fort intéressants. Les ordonnances du 17 avril et 23 mai 1839 avaient voulu proportionner l'émolument des comptables à leur travail et à leur responsabilité ; elles avaient institué les traitements proportionnels (voir pour la proportion l'art. 2 de l'ordonnance du 17 avril, révisée pour erreur matérielle le 23 mai), elles avaient prescrit de les calculer sur le chiffre même des opérations de recettes ou de dépenses. Toutefois elles avaient exclu de ce chiffre les sommes ayant donné déjà lieu à remises pour le comptable en sa qualité de percepteur, celles qui ne concernaient pas le service direct de la commune ou de l'établissement de bienfaisance, et enfin ce qu'on appelait les conversions de valeurs (exemple : lorsque le service de la commune et le service de l'établissement sont entre les mêmes mains, le paiement des subventions allouées à l'établissement sur les fonds municipaux, à l'égard de la commune, la recette desdites subventions à l'égard de l'établissement). Des difficultés s'élevèrent, notamment en ce qui touche ces conversions de valeurs, et, au moment de la guerre de 1870, une commission étudiait la question des remises. Le projet fut repris en 1875 et devint le décret du 27 juin 1876, qui adoptait comme mode de rémunération le traitement fixe. Pour en déterminer la quotité, il prend pour base la moyenne des opérations susceptibles de remises pendant une période de 5 ans, déduction faite des recettes et des dépenses, qui, à raison de leur caractère exceptionnel, ne peuvent servir à établir l'importance normale de la gestion. Mais comme il pourra être juste, lorsque des opérations de cette nature viendront à se présenter, d'accorder au comptable une rémunération *supplémentaire*, l'art. 5 du décret autorise les conseils municipaux à leur allouer une augmentation qui peut s'élever jusqu'à un dixième du traitement fixe. D'autre part, les frais de bureau ne seront supportés par les receveurs que s'ils s'élèvent à moins d'un quart du traitement. Enfin, si le travail et la responsabilité se trouvent *normalement* augmentés par suite de l'accroissement des ressources ordinaires, le receveur aura la faculté de demander la révision de son traitement ; et ce droit s'ouvrira à son profit toutes les fois qu'il justifiera, par la production des comptes de cinq années consécutives, que les revenus ordinaires ont excédé de 1/10 les revenus ordinaires de la période qui a servi de base à la fixation de son traitement. De plus, contre le chiffre déterminé sur ces bases par le préfet, des réclamations peuvent être élevées devant le ministre de l'intérieur, qui statuera définitivement. Elles seront présentées dans le délai de deux mois à partir de la notification de l'arrêté. Enfin, au cas de création d'un nouvel établissement, le traitement du receveur sera fixé par le préfet, en prenant pour base le chiffre des revenus ordinaires prévus au budget du nouvel établissement, et en appliquant le tarif double des ordonnances de 1839.

Quelles sont les fonctions des receveurs? Elles ne consistent pas seulement à percevoir les revenus et à payer les dépenses. Ils doivent aussi, d'après l'arrêté du 19 vendémiaire an XII, avertir les administrateurs de l'échéance des baux, empêcher les prescriptions. veiller à la conservation des domaines, droits, privilèges et hypothèques, et, pour faciliter aux receveurs l'exécution de ces obligations, l'art. 2 du susdit arrêté dispose qu'ils pourront se faire délivrer, par l'administration dont ils dépendent, une expédition en forme de tous les contrats, titres-nouvels. déclarations, baux, jugements et autres actes concernant les domaines dont la comptabilité leur est confiée, ou se faire remettre, par tous dépositaires. lesdits titres et actes, sous leur récépissé.

Cependant, la principale fonction des receveurs reste toujours le paiement des dépenses et la perception des revenus. Ils prennent ainsi une part très grande à l'exécution des budgets. Aucun paiement n'est fait par le comptable sans la production d'un mandat émané de l'ordonnateur, constatant les droits du créancier, et accompagné des pièces justificatives. Aux termes de l'art.

520 du décret du 31 mai 1862, les receveurs ne peuvent se refuser à l'acquittement des mandats que dans trois cas : si la somme ordonnancée ne porte pas sur un crédit ouvert ou l'excède ; si les pièces, produites à l'appui, sont insuffisantes ou irrégulières ; s'il y a opposition dûment signifiée, contre le paiement réclamé, entre les mains du comptable. En cas de refus, le payeur est tenu d'en remettre la déclaration écrite et motivée au porteur du mandat, et ce dernier se retire devant la commission administrative qui avise aux mesures à prendre. L'ordonnateur n'a pas ici le droit de réquisition. Une circulaire du 22 février 1870 (*Bulletin*, 1870, p. 61) refuse de le lui reconnaître, sous prétexte qu'à la différence des dépenses de l'Etat celles des établissements de bienfaisance ne présentent pas un caractère d'urgence ; et elle s'appuie, en outre, sur ce que les ordonnateurs ne sont pas des fonctionnaires salariés et responsables, la garantie reposant tout entière sur la responsabilité des receveurs.

Quant à la perception des revenus, nous n'avons rien de particulier à dire, sauf en ce qui touche le droit des pauvres. Ce sont les administrations locales qui déterminent, avec l'approbation du préfet, les mesures convenables pour assurer le recouvrement de cette taxe. On peut recourir à quatre systèmes : 1° la régie simple, ou perception directe par un préposé de l'administration : 2° la ferme. On passe un traité avec un entrepreneur, qui moyennant un prix déterminé de gré à gré ou aux enchères, se charge de la perception à ses risques et périls, et sans aucune allocation de frais ; 3° la régie intéressée.

Un particulier, qui se charge du recouvrement s'engage
à verser une somme fixe, plus une part proportionnelle
dans les produits dépassant le prix principal et la somme
qui lui est allouée pour ses frais ; 4° l'abonnement. Les
abonnements sont régis par le décret du 9 décembre 1809,
et leurs conditions doivent être expressément approuvées
par le préfet. Mais ici, une question contentieuse assez
importante s'est posée : au cas où des circonstances de
force majeure empêchent le directeur de donner des représentations, doit-il continuer à payer l'abonnement ?
La difficulté a été résolue dans le sens de la négative par
le Conseil d'État dans un arrêt du 26 juillet 1854 (*Recueil*, 1854, p. 707). On soutenait que les contrats de la
nature de celui dont il s'agissait étaient de véritables
contrats aléatoires, des marchés à forfait, qui, une fois
approuvés par l'autorité, lient définitivement les parties
contractantes, ne peuvent être modifiées que d'un commun accord et ne sont pas susceptibles de rescision pour
cause de lésion d'une des parties. Le Conseil d'État n'a
pas admis cette théorie. Le forfait, en effet, ne porte
pas sur les cas fortuits, qui empêcheront absolument le
directeur d'ouvrir sa salle au public. Il porte sur la quotité des recettes. Il profitera au directeur, si elles mon-
tent, il profitera au bureau si elles baissent. La décision
nous semble absolument justifiée, et susceptible d'être
étendue aux hypothèses analogues, comme par exemple
à celle d'un incendie.

L'excédent des recettes sur les dépenses fait apparaî-
tre dans la caisse des receveurs des fonds libres. On doit
éviter de les rendre improductifs. Aux termes de l'arti-

cle 4 du décret du 27 février 1811, ces fonds sont versés au Trésor, qui sert un intérêt fixé par arrêté ministériel ; et aux termes de la loi du 9 avril 1881, art. 13, les établissements d'assistance peuvent aussi déposer leurs fonds libres aux caisses d'épargne postales, jusqu'à concurrence de 8000 francs, mais avec autorisation du Ministre. Il faut noter que ces mouvements de fonds ne constituent que des placements provisoires, qui, au contraire des placements définitifs, n'exigent pas une autorisation préalable.

Pour toutes ces opérations de recettes et de dépenses, l'ordonnateur et le comptable tiennent un certain nombre de livres, dans le détail desquels nous n'avons pas à entrer. Qu'il nous suffise de dire que le dernier a un journal, un grand livre, et des registres auxiliaires dont la forme est déterminée par le préfet, que les percepteurs-receveurs tiennent des écritures en partie simple, et les receveurs spéciaux des écritures en partie double ; et nous aborderons un dernier point, les comptes.

Il y a deux sortes de comptes, le compte de l'ordonnateur, compte d'exercice, celui du comptable, compte de gestion. Le premier retrace les opérations de l'exercice qui comprend, outre l'année du budget dont il porte la date, des périodes complémentaires qui s'étendent jusqu'au 15 mars de la seconde année pour la liquidation et l'ordonnancement des dépenses, jusqu'au 31 mars pour la réalisation des recettes et le paiement des dépenses. Dans l'ordre des chapitres et articles du budget il présente, par colonnes distinctes, la nature des *recettes*, les évaluations du budget, la fixation des som-

C 11

mes à recouvrer d'après les titres justificatifs ; les sommes recouvrées pendant la première année de l'exercice et les trois premiers mois de la seconde année : les sommes restant à recouvrer, à reporter au budget de l'exercice suivant ; en *dépenses*, les articles du budget, le montant des crédits, le montant des sommes à payer sur ces crédits, soit dans la première année, soit dans les trois premiers mois da la deuxième année, les restes à payer à reporter au budget de l'exercice suivant, les crédits à annuler, faute d'emploi.

Ce compte, ainsi conçu, présenté à la commission, est soumis au Conseil municipal pour avis. Accompagné des pièces justificatives et de la délibération du Conseil municipal, on le transmet au sous-préfet, qui l'arrête (décret du 13 avril 1864).

Le receveur qui, chaque trimestre, a remis à la commission un bordereau de situation, présente dans le mois d'avril son compte de gestion ; mais cette gestion est divisée par exercices. Il prend comme point de départ la situation au 1er janvier de l'année qui donne son millésime à l'exercice, puis constate les opérations en dépenses et en recettes faites du 1er janvier au 31 décembre, se rattachant à cet exercice, et celles faites du 1er janvier au 31 mars et se rattachant au même exercice. Il termine par un tableau présentant la situation financière de l'exercice qui vient d'être clos. La commission débat ce compte, le transmet au Conseil municipal pour avis, en même temps que le budget qu'elle vient de voter pour l'année suivante, et, dans les 10 jours qui suivent la session du Conseil municipal, le receveur doit déposer à la recette des finances ce compte avec pièces justificatives à l'appui. Aux termes des articles 1302 et 1554 de l'Instruction générale des finances, les comptes de gestion devaient être vérifiés par les receveurs des finances avant d'être transmis à la commission administrative et au Conseil municipal. Mais comme ils ne peuvent être terminés qu'après le 31 mars et peu avant la session du Conseil municipal, le décret du 27 janvier 1870, qui a réglé toute cette matière, a décidé qu'ils seraient, à l'avenir, simplement contrôlés dans leurs résultats avant la session du mois de mai, et que la vérification approfondie n'aurait lieu qu'ultérieurement, d'où cette transmission dont nous parlions tout à l'heure. Une fois le contrôle du receveur des finances terminé, les comptes sont envoyés directement à la préfecture, les sous-préfets, aux termes de la circulaire du 30 janvier 1870 (Bulletin, 1870, p. 115), n'ayant pas à intervenir ici. Ils sont jugés par le conseil de préfecture, si les recettes ordinaires pendant les trois dernières années ont été inférieures à 30.000 fr., par la Cour des comptes, au cas contraire, et c'est une de ces juridictions, qui déclarera le comptable quitte, en avance ou en debet, le tout ici d'après les règles ordinaires.

APPENDICE

SECOURS A DOMICILE DÉPARTEMENTAUX

Si nous lisons un budget départemental, au chapitre de l'assistance, nous y trouverons un article qu'on désigne dans la langue administrative sous le nom de secours aux filles-mères. Il faut, pour s'expliquer l'existence de ce crédit, remonter à son origine, et rappeler la loi du 28 juin 1793, ainsi conçue dans son art. 4, § 2 : « toute fille qui déclarerait vouloir allaiter elle-même l'enfant dont elle serait enceinte, et qui aurait besoin du secours de la nation, aurait droit de les réclamer. » Un décret du 17 pluviôse an II, en fait une application particulière à une citoyenne Braconnier, venue à Paris pour solliciter la liberté d'un certain Loison, *dont elle devait être l'épouse*, et qui y était accouchée le 5 du même mois. La Convention, considérant qu'il importait à la régénération des mœurs, à la propagation des vertus (?) et à l'intérêt public d'encourager les mères à remplir elles-mêmes le devoir sacré d'allaiter et de soigner leurs enfants ; que tous les enfants appartiennent indistictement à la société, quelles que soient les circonstances de leur naissance ; qu'il importe également d'anéantir les préjugés qui faisaient proscrire ou abandonner au moment même de leur existence, ceux qui n'étaient pas le fruit d'une union légitime, rappelle la loi du 28 juin 1793, et décrète que, sur la présentation du présent décret, la Trésorerie nationale paiera à la citoyenne Braconnier la somme de cent cinquante livres, à titre de secours provisoires pour elle et pour son enfant. La loi de 1793 n'eut, à notre point de vue, qu'une existence éphémère, mais le genre d'assistance qu'elle édictait lui survécut. Peu à peu, les conseils généraux encouragés par le gouvernement, prirent le parti de voter des fonds dans ce sens, et ce service avait déjà pris un grand développement, quand la loi du 5 mai 1869, dans son article 2, vint lui donner une nouvelle consécration législative. Cet article range parmi les dépenses intérieures des enfants assistés, dépenses qui sont à la charge du département, les secours destinés à prévenir l'abandon. Cette disposition a soulevé les plus vives critiques et les plus ardentes controverses. On a taxé le législateur d'immoralité. On l'a accusé d'encourager les naissances irrégulières, en donnant une prime à la débauche. Mais, étant donné que le mal existe, et qu'il existera toujours, malgré toutes les sévérités de la loi, reste à savoir s'il ne vaut pas mieux l'empêcher de produire des conséquences déplorables, et si, la faute commise, le législateur ne doit pas édicter des mesures contre l'abandon, en ne punissant pas ainsi l'enfant des fautes de sa mère. L'expression généralement employée est impropre ; ce n'est pas à la mère, c'est à l'enfant qu'est donné le secours, et on l'accorde parce que l'on a reconnu d'abord que la mortalité qui frappe l'enfant assisté est de 15 pour 100 plus élevée que celle qui sévit sur les autres enfants. En 1860, en effet, une enquête a permis de constater que, si la mortalité minima dépassait 56,90 pour 100, en ce qui touche les enfants des hospices, elle n'atteignait pas 30 pour 100 pour les enfants secourus à domicile (V. circulaire du 15 octobre 1862. *Bull. int.* 1862, p. 464). Dès lors, et suivant l'expression d'une circulaire de 1856, pourquoi la morale publique s'offenserait-elle d'un mode d'assistance qui a pour effet de conserver le petit être non seulement à la mère, mais souvent encore à la vie ?

La même enquête a démontré qu'en même temps qu'un résultat utile, le système employé procurait une économie appréciable, et, si dans cette espèce, l'argument financier ne doit pas primer tous les autres, au moins peut-il corroborer le précédent. D'ailleurs, la pratique administrative répond victorieusement aux reproches d'immoralité formulés contre elle en exigeant que l'enfant secouru soit immédiatement reconnu par sa mère, et en garantissant une indemnité de 60 à 100 francs à l'indigente qui épouse le père de son enfant.

Entrons maintenant dans le détail, et examinons les conditions du secours. Accordée aux femmes et filles qui ont reconnu leur enfant, l'admission est prononcée par le préfet (et le sous-préfet, en cas d'urgence), après enquête, et sur le vu d'un extrait de l'acte de naissance et d'un certificat du maire, attestant que l'enfant est vivant, a été régulièrement reconnu, et est élevé par sa mère. On exige, en général, que la mère allaite son enfant ; en cas d'impossibilité par suite de l'état de santé, le secours

est exceptionnellement payé à la nourrice. La décision
prise fixe la quotité (variant suivant les années en général), la durée (trois ou quatre ans). Les secours, payés
par les percepteurs, en chaque localité, sont donnés de
trois en trois mois. Mais il faut signaler ici ce qu'on
appelle le secours « de premiers besoins ». Une circulaire du 11 août 1888 (*Bull.* 1888, p. 197), nous apprend
quelle est sa portée ; s'il n'existait pas, l'impétrante serait
obligée d'attendre près de trois mois parfois le paye-
ment de l'allocation à elle concédée ; elle n'en profiterait
pas au moment où ce subside lui est le plus utile, quand
elle est à peine rétablie, à l'époque où elle dépense le
plus, et où elle ne peut guère travailler. Le mode préconisé viendra parer à ces éventualités. L'administration
supérieure recommande, en outre, de délivrer une
layette en même temps que ce secours ; « c'est, dit le Ministre, une mesure d'humanité que réclame impérieuse-
ment la santé des nourrissons. »

Pour terminer sur ce point, notons que, dans le département de la Seine, les secours pour prévenir l'abandon
sont de quatre sortes : secours pour allocation d'une
nourrice ; secours d'allaitement ; secours divers ; pen-
sions d'orphelins, accordés aux enfants que des parents
ou amis se sont chargés de nourrir et d'élever jusqu'à
l'âge de treize ans.

Le service des enfants assistés est obligatoire pour les
départements ; parlons maintenant d'une dépense facultative que se sont imposés quelques-uns d'entre eux :
c'est la dépense de secours aux vieillards. Une organisation de secours à domicile de cette nature fonctionne

dans le département de l'Indre et dans celui de la Marne, et les principes, qui y président sont exposés dans une circulaire du 17 août 1888 (*Bull.*, 1888, p. 191). Les secours donnés sont de 10 francs par mois, soit 120 fr. par an. Les demandes doivent être transmises par les maires, et accompagnées d'un engagement du Conseil municipal ou, à son défaut, d'une personne charitable, de verser à la caisse départementale une somme annuelle de 48 francs, représentant les 2/5 de la dépense. Le Conseil général de l'Indre, en exigeant la participation des communes, a voulu éviter les demandes trop nombreuses ou peu justifiées que les municipalités auraient pu présenter, si la dépense avait été entièrement à la charge du département. La circulaire ajoute que, dans l'Indre, le service fonctionne régulièrement; il permet souvent, au moyen du secours mensuel de 10 francs, de laisser dans leur famille des vieillards ou des infirmes que les communes auraient été obligées de placer dans des hospices, à des conditions évidemment plus onéreuses.

TROISIÈME PARTIE

DES SECOURS AUX MALADES EN PARTICULIER

Depuis longtemps le problème de l'assistance dans les commune rurales préoccupait, à juste titre, les auteurs et les pouvoirs publics. On voyait, avec raison, dans l'absence de secours aux populations agricoles l'une des causes les plus sérieuses de la dépopulation de nos campagnes, et la plupart des programmes électoraux indiquaient le mal, sans qu'on se résolût définitivement à y porter remède. Enfin la question vient de recevoir, il y a quelques mois, au moins en théorie, une solution partielle. Le 5 juin 1890, le gouvernement, par l'organe de M. Constans, Ministre de l'Intérieur, présenta un projet de loi sur l'assistance médicale gratuite, longuement mûri dans les bureaux et dans les commissions spéciales. Le 23 janvier 1892, M. Emile Rey déposait son rapport à la Chambre, mais l'on arrivait bientôt à la fin de la législature ; la procédure défectueuse de nos assemblées parlementaires rendant caduques tant de propositions intéressantes, on dut se hâter pour aboutir ; la loi, qui porte la date du 15 juillet 1893, fut votée presque sans

discussion, dans les deux Chambres, et après deux délibérations, qui occupèrent à peine plusieurs séances.
Le texte se ressent de cette précipitation ; déjà l'application se hérisse de difficultés sans nombre, à tel point
qu'un membre du Parlement, M. Vacherot, vient de présenter à la Chambre une proposition tendant à faciliter
l'exécution de la loi du 15 juillet 1893. C'est le plus mauvais éloge qu'on en puisse en faire, et l'on ne s'étonnera
plus dès lors, quand nous dirons que la réforme sans
doute existe en théorie, mais qu'en pratique elle est loin
de s'accomplir.

CHAPITRE I

PRÉLIMINAIRES DE LA LOI

Ce n'était pas un projet nouveau qu'on présentait. Sans
étudier l'ancien Régime, il nous paraît utile de signaler
une circulaire de 1728, qui montre que les rois de France
songeaient à organiser dans les villages un régime de
secours médicaux (Voir Emille Chevallier, *L'Assistance
dans les Campagnes*, p. 295). « Le roi Louis XV, dit
cette circulaire, touché de compassion pour les pauvres
malades des campagnes, qui périssent la plupart faute
de soins, ordonne qu'il soit envoyé tous les ans aux in-
tendants des provinces, des remèdes de la composition
de feu M. Helvetius pour être distribués par les inten-
dants à leurs sus-délégués, et par ceux-ci aux sœurs gri-
ses, curés ou autres personnes intelligentes dans les villes,
bourgs et villages. Il se conformait à cet égard, ajoutait
la circulaire, aux vues charitables du roi, son bisaïeul ».
Je ne prétends pas comparer les soins donnés et les médicaments distribués actuellement aux boîtes de feu M.
Helvetius, mais je constate qu'un embryon d'assistance
médicale existait sous nos rois, et que, comme l'ajoutent
les archives de l'Aisne (*op. cit.*), les pauvres purent dès
lors se procurer les drogues de bonne qualité, sans avoir

recours aux charlatans « qui vendaient au cher denier des purgatifs incendiaires, de nature à affaiblir et à brûler les meilleurs tempéraments, médecines qui laissaient croître le mal, et ne guérissaient que l'indigence de ceux qui en faisaient le commerce ».

Le régime d'assistance de la Révolution formant un tout compact, nous avons dû l'étudier en entier d'un seul coup, et nous n'avons pas à revenir sur le système d'assistance médicale de la loi de l'an II. A partir de cette époque, plus de loi spéciale sur ce sujet avant la loi récente : nous n'enregistrons que des tentatives et des essais partiels. Tout le monde cite M. de Lèze-Marnisia, qui, dès 1810, créa dans le Bas-Rhin un service de médecine gratuite, son exemple n'ayant été suivi dans d'autres départements, dans le Haut-Rhin, dans le Loiret, dans la Nièvre, que bien des années après ; mais ce qu'on cite moins fréquemment, c'est une circulaire du 15 août 1854, émanant de M. Bineau, alors Ministre de l'Intérieur, qui invitait les préfets à organiser l'assistance médicale dans les campagnes. D'une couleur sentimentale, la circulaire rappelle que le Gouvernement de l'Empereur porte au développement de cette bonne œuvre un intérêt paternel. « Appelez sur elle, M. le préfet, toute la bienveillance du Conseil général. Je désire vivement que, par un vote de subsides, il vous en permette l'organisation complète, efficace, ou que du moins, si l'insuffisances des ressources départementales y fait obstacle, il en constate dès aujourd'hui le principe par une première allocation, si faible qu'elle soit ; le zèle, le dévouement désintéressé des médecins, les secours du gou-

vernement, la charité de tous aideront à faire le reste ».
Mais, il manquait un texte de loi, on mit un siècle à l'en-
fanter, et malgré cette longue gestation, il renferme bien
des lacunes. La matière est-elle donc si délicate à régler !
Longue est la liste des projets qui se sont succédé. Dès
1847, M. de Salvandy proposait la nomination par les
préfets de médecins cantonaux chargés de donner gratuitement leurs soins aux malheureux. (Voir le projet du
Moniteur de 1847, p. 322, 336, 1676). On fit une enquête,
cependant le projet n'aboutit pas, interrompu par les jour-
nées de février. Après le retour au calme, la question fut
reprise par M. Bertholon, mais le coup d'état eut pour ce
projet même effet que la Révolution de 1848 pour le
projet Salvandy. Sous le second Empire, on encourageait
par de belles paroles les départements qui voulaient bien
s'onérer pour ce service ; on ne songeait point effec-
tivement à présenter un texte de loi. Dès l'avènement du
régime actuel, on se livra à une vaste enquête sur la situation et les réformes à faire. Un questionnaire fut
adressé aux conseils généraux, conseils d'arrondissement, associations médicales ; et l'assemblée nationale
fit de grands efforts pour faire réussir la question de l'assistance médicale. Le 9 juillet 1872, MM. T. L. Roussel
et Morvan déposaient un projet spécial sur l'assistance médicale, devancés par MM. Tallon et Fournier
qui proposaient un texte général sur l'organisation de
l'assistance publique et l'extinction de la mendicité.
Après deux années d'étude, la commission nommée chargea M. Tallon de faire un rapport et le projet de la commission, reproduisant en grande partie la proposition

Roussel, fut voté en première lecture au commencement de 1875 ; l'assemblée se sépara avant d'avoir pu le voter en deuxième lecture. Repris devant la nouvelle Chambre, et renvoyé à une commission, ainsi qu'une proposition de MM. Waddington et Thiessé sur le même objet, le 14 novembre 1876, il fut l'objet d'un rapport de M. Waddington. Discuté au mois de février 1877, ce projet n'aboutit point à cause des évènements du 16 mai. On attendit 17 ans, avant de voter un texte définitif.

CHAPITRE II

« Sous tous les régimes, dit la circulaire du 18 mai
1894, l'administration s'était efforcée d'assurer aux malades pauvres les secours médicaux et pharmaceutiques.
Un grand nombre de départements avaient répondu à
cet appel, et fait appel à leur tour à la coopération des
communes. Mais il restait à vaincre des résistances opi-
niâtres ; certains départements se refusaient absolument
à organiser le service de la médecine gratuite, et dans
les départements qui l'avaient organisé, certaines communes s'obstinaient à ne pas adhérer au service ». Le
premier caractère du texte dont nous nous occupons est
un caractère de *généralisation*. Il n'y a pas innovation
complète ; il y a simplement extension et extension
obligatoire du service aux localités qui n'en jouissaient
pas encore. Le Gouvernement n'a pas voulu que, dans
notre pays de France, il y eût un coin de terre où un
Français pût, si la charité privée ne venait à son aide,
mourir sans secours. Il n'a point fait voter une loi pour
les grandes villes où l'organisme déjà fonctionnait,
pour certains départements où l'institution avait déjà
des années d'existence ; il a voulu que désormais, dans

les campagnes peu fortunées, où partant l'on trouvait plus de misère, fût organisé un service destiné partout à les secourir ; il a voulu qu'après l'abolition des privilèges, il n'en subsistât, ou plutôt il ne s'en reconstituât pas un nouveau, le privilège du domicile.

Un second caractère sur lequel il nous faut particulièrement insister, c'est celui-ci : la loi nouvelle n'est qu'une partie d'un tout qui n'est pas encore formé ; c'est une *pierre d'attente*, un jalon posé pour l'avenir, et, si j'ose m'exprimer ainsi à propos d'un sujet aussi grave, un ballon d'essai. On a commencé par fonder la catégorie d'assistance la plus nécessaire, l'assistance aux malades ; l'institution en appelle d'autres, et nous espérons que bientôt les secours à donner aux vieillards, aux infirmes feront l'objet des délibérations de nos assemblées parlementaires. Déjà, nous l'avons dit, une proposition a été déposée dans ce sens, de plus dans la *Revue Mutualiste* du 4 avril 1895, MM. Rey et Lachiéze ont longuement commenté le texte déposé par eux sur le bureau de la Chambre. Le législateur lui-même n'a-t-il pas d'ailleurs abondé dans ce sens, quant, à l'article 10 de la loi récente, il a ajouté un paragraphe ainsi conçu : A défaut d'hospice ou de bureau de bienfaisance, le bureau d'assistance est régi par la loi du 24 mai 1873 (art. 1 à 5, modifiée par la loi du 5 août 1879), et possède, outre les attributions qui lui sont dévolues par la présente loi, tous les droits et attributions qui appartiennent au bureau de bienfaisance.

La loi de 1893, en instituant l'assistance médicale gratuite pour tous les Français privés de ressources est

venue combler une importante lacune de notre assistance publique. Mais il existe une lacune non moins
grave, qu'il importe aussi de faire disparaîttre, c'est celle
relative à l'assistance des vieillards et des infirmes sans
ressources ; la loi de 1893 attend un complément, que
devra lui donner un texte nouveau. Toutefois, dans cette
question si délicate, on a peut-être agi sagement « en
tâtant le terrain », qu'on me passe l'expression vulgaire,
et en laissant à l'expérience le soin de donner fructueuse-
ment ses leçons pour l'avenir. »

C.

CHAPITRE III

PRINCIPES GÉNÉRAUX DE LA LOI DE 1893

Ici nous allons retrouver les questions que nous avons traitées dans notre première partie, et nous verrons quelle solution le législateur de 1893 leur a donnée. Tout d'abord, d'après lui, l'assistance est-elle obligatoire pour les malades? Les Chambres ont, après le Conseil supérieur de l'Assistance publique, adopté cette idée bâtarde, d'après laquelle, sans être un droit pour l'indigent, l'assistance est une obligation pour la collectivité chargée de la donner. L'exposé des motifs, comme les différents rapports et la circulaire explicative du 18 mai 1894 insistent sur ce point tout particulièrement ; le projet s'exprime ainsi : « Il n'y a pas dans l'affirmation du devoir social au rapport du malade privé de ressources, la reconnaissance pour l'individu secouru d'un droit à l'assistance » ; plus loin : « Le caractère obligatoire des dépenses, pour la commune et le département, n'existe que dans le rapport de ces collectivités, soit entre elles, soit avec l'État. Le malade pauvre ayant un domicile de secours communal ou départemental n'est pas fondé à réclamer comme un droit le bénéfice de l'assistance médicale. » Et le rapport de M. Rey ajoute :

« que le principe d'obligation n'ouvre à ceux qui en
profitent aucun droit à l'assistance. » Nous nous sommes
déjà expliqués sur les doutes que nous laissent en l'esprit cette conception ; qu'il nous suffise d'ajouter que
l'expression elle-même a trahi la pensée du législateur.
Son article 1ᵉʳ est ainsi conçu : Tont Français malade,
privé de ressources, reçoit gratuitement l'assistance médicale à domicile. Nous aboutissons au dilemme suivant : Ou bien la commune organisera un service d'assistance médicale incomplet, et alors le texte de la loi
est violé, puisque tout Français privé de ressources doit
être secouru, ou bien la commune remplira formellement son obligation, et alors quel inconvénient voit-on
à ce que l'individu qui est véritablement dans le besoin,
puisse réclamer son inscription sur la liste. On a joué
sur les mots parce que le mot *droit à l'assistance* a effrayé
le législateur. Or, qu'est-ce en fait que le droit à l'assistance dans les pays où il existe ? Tout simplement la faculté pour un individu de faire reconnaître par un tribunal
la nécessité où se trouve la collectivité de lui procurer
des secours. Le droit n'existe que s'il est reconnu ; la
commission cantonale instituée par notre loi, fait-elle
donc autre chose ? Elle constate que la commune doit
assister tel indigent ; cela ressemble fort à la constatation
du droit à l'assistance ; question de mots, ou plutôt une
question de tendance, mais questions souvent des plus
difficiles à éluder.

Un principe sur lequel s'appuie la loi nouvelle, c'est
celui de l'assistance communale. La Convention, nous
l'avons vu, avait cru devoir centraliser les fonds de l'as-

sistance dans les mains de l'État. Nous avons montré les vices du système, et M. Dreyfus-Brisac dit avec raison dans son rapport à la 2ᵉ section du Conseil supérieur de l'Assistance : « qu'il faut rapprocher, autant que possible, celui qui distribue les secours de l'indigent, de manière qu'il connaisse ses véritables besoins et les soulage promptement. » Mais toujours la même objection : et le peu de ressources des communes ! Sans revenir sur nos explications données à propos de l'organisation cantonale, nous ne pouvons passer sous silence les lignes suivantes du projet de M. Roussel sur l'assistance médicale (9 août 1872, p. 5449, *J. off.*) : « Si l'Assemblée nationale, vote, avant de se séparer la loi cantonale, et si, conformément à des idées qui tendent de plus en plus à prédominer, l'unité cantonale se constitue solidement, nul doute que l'assistance publique, et en particulier l'assistance médicale, ne trouve là des éléments de consistance et de vie qu'on ne saurait trouver le plus souvent dans la commune. » Et plus loin, p. 5480 : « C'est avec ce point d'appui seulement que l'assistance médicale pourra prendre une assez forte et large assiette pour répondre aux exigences des grands intérêts matériels et moraux de la société, en vue desquels nous cherchons à asseoir ses premiers fondements. » M. Roussel répond donc à l'objection en élargissant le rayon du service ; le Gouvernement et après lui le législateur de 1893 ont essayé de l'éluder d'autre manière, en établissant un système de subventions à double degré. Suivant la richesse des communes, le département leur accorde un secours plus ou moins élevé ; suivant la valeur du cen-

time des départements, l'État leur vient en aide avec un
crédit plus ou moins considérable, et le Gouvernement
croit ainsi avoir résolu le problème, conformément au
vœu émis par le Congrès ainsi conçu : « L'organisation doit être telle que les communes ou paroisses
plus riches viennent au secours des communes ou paroisses plus pauvres. » « C'est la mise en action de la
solidarité nationale, dit le projet. Qu'est-ce en effet que
la subvention départementale, sinon la contribution des
communes plus riches venant en aide aux communes
plus pauvres. » Je crois que le Congrès a eu des vues
plus larges, qu'il voulait une solidarité entre égaux, et
non pas une solidarité hiérarchique, et que la solution
pratique, correspondant aux principes théoriques émis
par lui, c'est la constitution d'un fonds commun entre
toutes les communes, d'une sorte d'assurance mutuelle,
qui garantit les moins bien partagées contre les situations malheureuses.

Nous disions tout à l'heure que la loi de 1893 avait fait de
l'assistance médicale un service communal : ceci se
dégage au fond de son texte, quoiqu'il soit, à cet égard comme à bien d'autres, assez confus et assez mal mûri. Cependant, à défaut de précision dans l'expression, nous pouvons considérer l'intention, et elle semble se dégager de
façon assez claire dans cette phrase de l'exposé des motifs : « L'assistance médicale doit être donnée par la
commune, *le département n'intervenant que subsidiairement.* » Ce qui pouvait faire croire à la formation d'un
service départemental, c'est que l'organisation était ré-
servée au Conseil général et que la comptabilité relevait

de même des agents du département, d'où rapproche-
ment de notre service avec celui des chemins vici-
naux de grande communication et d'intérêt commun,
branches de l'administration départementale ; mais il y
a entre les deux services une différence essentielle, que
les mots mêmes employés dans la langue administrative
mettent en relief. Pour les chemins, la commune verse
un *contingent* obligatoire, que lui impose le Conseil général ; pour l'assistance médicale, les communes, en
même temps qu'elles font distribuer les secours par une
commission nommée dans leur sein, doivent pourvoir aux
ressources nécessaires et le Conseil général ne fait que
leur donner une *subvention*.

C'est la commune qui est chargée de distribuer les
secours médicaux, parce que « cette commune est, comme on l'a fort bien dit, la prolongation de la famille »,
mais ce n'est qu'à défaut de la famille, que l'obligation
incombe à une autre collectivité et après avoir posé le
principe que tout Français malade, privé de ressources,
doit être secouru par la commune, la loi ajoute, art. 21 :
La commune peut toujours exercer un recours... contre
toutes personnes, sociétés ou corporations tenues à l'assistance médicale envers le malade, notamment contre
les membres de la famille de l'assisté désignés par les
articles 205, 206, 207 et 212 du Code civil ». Les personnes citées dans ces articles sont les enfants, les gen-
dres et belles-filles, mères, beaux-pères et belles-mères
et enfin les époux.

Le projet du Gouvernement ne citait que ces personnes, la rédaction définitivement adoptée y a ajouté :

« certaines collectivités, parmi lesquelles les sociétés de
secours mutuels.» Car il faut noter que des membres participant à des sociétés de secours mutuels peuvent être
inscrits sur la liste d'assistance, d'après la théorie du
Gouvernement, qui y comprend même ceux qui pourraient, au cas de maladie, être privés de ressources.

Quant à la troisième question de principes étudiée au
début de ce travail, la préférence à donner aux secours à
domicile sur l'hospitalisation, nous ne pouvons y revenir
ici, ayant mis en lumière tous;les arguments qu'on peut
invoquer. Nous ferons simplement remarquer que le mot
domicile doit être pris dans un sens large. On ne doit
pas l'entendre seulement du domicile privé du malade.
Si sa demeure ne se prête pas au traitement et si un parent, un voisin, un ami consent à le recueillir et à le
soigner, son concours est recevable. On entre ainsi dans
les vues du législateur.

Nous venons de déterminer trois des principes généraux qui régissent la législation nouvelle ; ces trois principes se rattachent aux diverses questions que, préalablement, à toute organisation de secours publics, il faut
résoudre de façon formelle. Reste un quatrième principe, qui imprime un caractère propre à notre texte, auquel donc nous consacrerons quelques lignes. L'assistance médicale gratuite est obligatoire pour la collectivité chargée de la donner ; elle est locale, elle est de
préférence accordée à domicile ; elle est, enfin, aux termes de l'article 4, § 2, *organisée* dans chaque département par ses représentants. Le Conseil général, dit le
texte cité, délibère, dans les conditions prévues par

l'article 48 de la loi du 10 août 1871 sur l'*organisation* du service de l'assistance médicale. C'est qu'il y avait plusieurs bonnes raisons pour décider ainsi. D'abord on se trouvait en présence d'une institution déjà faite dans 44 départements, dans la moitié du territoire de la France et pour quelques-uns d'entre eux l'institution expérimentée avait eu d'heureux résultats. A quoi bon, dans quelques départements, modifier un système remplissant parfaitement les conditions exigées, pour en faire brusquement adopter une autre, celui de la loi, qui ne répondrait pas peut-être à tous les désirs ; à quoi bon, en tout cas, amener une période de transition toujours malheureuse ? De plus, comme le faisait remarquer un rapport au Conseil supérieur sur cette question, toutes les fois qu'on le peut, il y a de grands avantages à ne pas assujettir les œuvres de l'assistance publique à un cadre et à des procédés uniformes et à ne pas contrarier les habitudes locales, à ouvrir un libre champ à l'initiative des assemblées départementales. On a donc dérogé ici au principe d'uniformité qui règne en maître dans notre législation, et dont on a, depuis un siècle, fort abusé. On se trouvait, au moment de la Révolution, en présence d'institutions bigarrées, d'organisations multiples variant de province à province, de village à bourgade. Et par un mouvement de réaction qu'on a poussé trop à l'extrême, on a voulu fonder, dans tout le pays, des institutions uniformes sans tenir jamais compte des mœurs et des tempéraments. Il s'est passé à peu près la même chose qu'en ce qui touche cette centralisation, dont nous déplorons la rigueur. De peur de reconstituer d'anciennes provinces, on a fractionné le territoire en départements absolument dépourvus de vue locale, auxquels on essaie, mais en vain, de donner la cohésion qu'ils n'ont pas ; de peur de retomber dans l'excès de l'Ancien Régime, on a exagéré l'idée d'uniformité, qui régit notre administration.

Qu'on nous passe cette digression ; elle avait pour but de montrer le mérite de la disposition de loi, dont nous traitons.

Cependant, il ne faut pas aller trop avant dans cette voie. L'exagération en tout est un défaut, et, si le Conseil général peut organiser à *sa guise* le service médical, il n'est pas libre de ne point l'organiser *efficacement*. Aussi le texte a-t-il pris soin de dire que les représentants du département statuaient dans les conditions prévues par l'article 48 de la loi de 1871. Or l'article 49 de la loi du 10 août 1871 dispose dans les termes suivants : Les délibérations prises par le Conseil général, sur les matières énumérées à l'article précédent, sont exécutoires si, dans le délai de trois mois, à partir de la clôture de la session, un décret motivé n'en a pas suspendu l'exécution. C'est dire que si les pouvoirs départementaux instituent un service d'assistance sans consistance et sans valeur, un système non susceptible de fonctionner de façon réelle, le gouvernement peut mettre le holà. La loi ne doit pas être tournée, pas plus qu'elle ne doit être violée. « Une organisation manifestement insuffisante, dit l'exposé des motifs, doit être assimilée à une organisation nulle. » Une expérience, aujourd'hui vieille, a malheureusement établi qu'en cette matière il est nécessaire de compléter la persuasion administrative par la contrainte légale. Aussi le pouvoir central n'a-t-il pas seulement gardé par devers lui un pouvoir répressif, il a conservé, comme complément, un pouvoir propre subsidiaire. et l'article 5 de la loi s'exprime ainsi : « A défaut de la délibération du Conseil général sur les objets prévus à l'article précédent (principalement l'organisation du service) ; ou en cas de suspension de la délibération en exécution de l'article 49 de la loi du 10 août 1871, il peut être pourvu à la réglementa-du service par un décret rendu dans la forme des règlements d'administration publique. » L'exposé des motifs dispose que même alors on devra, dans la plus large mesure possible, tenir compte des circonstances particulières à chaque département, et, malgré la confection d'un règlement type, on apportera dans l'application tel tempérament ou modification qu'on jugerait convenable.

Toutes les règles ordinaires s'appliquent à la délibération du conseil général sur notre objet, et il était à peu près inutile de dire, comme l'article 2, que le service était organisé sous l'autorité du préfet. Ce fonctionnaire est, en notre législation, l'agent d'exécution du conseil général, en même temps que le représentant de l'Etat dans sa subdivision et il ne fait ici que remplir son office ordinaire. Le Conseil supérieur avait émis le vœu de voir ajouter à l'article 2 un paragraphe ainsi conçu : « ce service est placé sous la surveillance de l'inspecteur départemental de l'assistance publique » témoignant ainsi son désir de voir centraliser dans chaque département les

divers service d'assistance. Cette tendance n'a pas été
suivie. Mais la circulaire explicative conseille aux préfets
de se faire aider dans leur tâche par l'inspecteur des enfants assistés.

C'est donc le Conseil général qui déterminera les bases
du service ; mais, avant de préciser sur quels points
principaux devra porter sa délibération, il nous faut signaler l'exception apportée par l'article 35 de la loi,
d'après lequel les communes ou syndicats de communes
qui justifient remplir d'une manière complète leur devoir d'assistance envers leurs malades, peuvent être autorisées, par une décision spéciale du ministre de l'intérieur, rendue après avis du Conseil supérieur de l'assistance publique, à avoir une organisation spéciale. Il y a,
à l'heure actuelle, des villes pourvues d'un service
d'assistance médicale, qui fonctionne déjà depuis de
longues années, et pour la satisfaction de tous. De ce
nombre est Paris, dont nous étudierons l'organisation à
ce point de vue dans un appendice. Il y aura, dans l'avenir, des villes qui se suffiront à elles-mêmes et n'auront
pas besoin de recourir à l'institution telle qu'elle est ré-
glementée par le Conseil général ; il y aura peut-être,
ceci est plus douteux, des syndicats de communes qui se
formeront aux termes de la loi de 1890, et « rempliront de
façon convenable, leur devoir de secours. » Dans toutes
ces hypothèses, poursuivant l'idée qui avait inspiré l'article 4, le législateur a trouvé qu'il pouvait être inutile
d'imposer alors l'organisation départementale et il a, toujours d'après des règles identiques, laissé le gouvernement
juge du point de savoir si les distributions de secousr,

établies par ces communes ou ces syndicats, méritaient la faveur que l'article 35 leur donne. Toutefois, en ce qui touche les départements, c'est le chef de l'Etat, après avis du Conseil d'État, qui décide ; en ce qui touche les communes, c'est le ministre de l'intérieur, après avis du Conseil supérieur de l'assistance publique, qui statue. De plus, comme on se défie au fond de ces organisations particulières, on leur a imposé une sorte de déchéance. Celles des communes qui auront recours au bénéfice signalé n'auront plus qualité pour réclamer le bénéfice des subventions que cette loi impose au département et à l'État. On dit à ces communes : Vous voulez faire vous-mêmes vos affaires, fort bien, mais nous ne viendrons pas à votre secours et, puisque vous agissez seules, vous vous tirerez seules d'embarras. C'est le ministre qui a exposé cette théorie dans la séance du 18 mai 1894, et il s'appuyait sur les paroles du commissaire du gouvernement au Sénat. A la séance du 16 mars, ce dernier fonctionnaire s'exprimait en effet ainsi : « Il semble qu'il y aurait quelque excès à réclamer d'une part une liberté plus grande que celle accordée par la loi, et à prétendre d'autre part au bénéfice des subventions que la loi prévoit, en un mot à échapper à la loi sur tous les points, à en ignorer tous les articles, sauf un, celui qui doit ouvrir la caisse de l'État. » Que le commissaire du Gouvernement ait eu raison en fait, c'est possible ; mais pour établir une déchéance, il faut un texte, et aucun article, pas plus l'article 35 que ceux de la loi qui traitent des voies et moyens, n'énonce une pareille exception ; le silence du législateur pourrait être une objection sérieuse aux idées de l'administration.

Revenons à la règle générale et notons que, par dérogation aux principes ordinaires du contentieux, s'il y a des difficultés relatives à l'exception des dispositions prises par le Conseil général, elles sont portés devant le Conseil de préfecture.

La délibération du conseil général doit porter sur plusieurs points. [De la détermination des circonscriptions hospitalières, nous ne nous occuperons point, ceci ne rentre pas dans notre sujet]. Pour le |service de l'assistance médicale à domicile qui a pour but de faire donner gratuitement au malade les secours de la médecine, de la pharmacie et de l'art des accouchements, les représentant du département devront, en premier lieu, se préoccuper du choix des médecins, pharmaciens et sages-femmes, et en deuxième lieu, du mode de rémunération de ces auxiliaires. Plusieurs systèmes ont été employés pour les départements, ils se ramènent à deux ou trois types principaux.

Dans le fascicule n° 9 du conseil supérieur de l'assistance publique sont énumérés les divers modes usités dans les quarante-quatre départements ou le service fonctionnait au moment de la promulgation de la loi. Nous ne pouvons les passer tous successivement en revue, mais voici les trois principaux :

1° *Système de la médecine cantonale ou système alsacien.* — Dans chaque canton est institué par le préfet un médecin cantonal, chargé de soigner gratuitement les individus portés sur les listes des indigents, et à ce système de médecine cantonale se rattache celui de l'allocation fixe donnée au médecin. Ce dernier reçoit un traitement basé à forfait sur le nombre des indigents, qu'il sera, par année moyenne, appelé à traiter. Ce mode a d'abord contre lui tous les adversaires du développement du fonctionnarisme. Il est certain qu'il est malheureux de créer, dans une profession libérale, un corps de médecins officiels, forcément jalousés par leurs collègues et peu estimés par leurs clients ; ces derniers se figureront qu'on a donné au médecin des pauvres une clientèle forcée, parce qu'il n'avait pas de clientèle volontaire, et l'on croira volontiers que le choix est dicté plus par des influences politiques que par des mérites professionnels. De plus, il nous paraît difficile de sortir du dilemne suivant : ou bien le médecin désigné aura une clientèle payante qu'il ne pourra sacrifier, et alors, dans certains cas, précisément dans les moments d'épidémie, où les indigents, plus éprouvés que les riches, auraient besoins de secours urgents, le praticien ne pourra suffire à ses deux clientèles ; il y aura donc impossibilité presque absolue de donner des soins en temps utile aux indigents. Ou bien le médecin choisi n'a qu'une clientèle insignifiante et alors l'opinion publique, toujours en éveil, viendra vous dire : vous sacrifiez les malheureux, et vous confiez le soin de les guérir à un incapable.

2° *Système à circonscriptions fixes.* — Certains départements ont répondu à la première partie de notre dilemne en divisant l'ensemble des communes de leur ressort en un grand nombre de circonscriptions, ayant chacune un médecin de l'assistance. Cette organisation diffère de la première en ce que tous les médecins qui adhèrent au service institué par le conseil général deviennent médecins de l'assistance et soignent les indigents qui se trouvent dans le ressort de leur clientèle privée. Elle a le mérite, outre celui que nous venons de signaler, de ne pas créer un nouveau corps de fonctionnaires. Mais elle a le tort de ne pas laisser à l'indigent le choix de celui par qui il désirerait être soigné, et c'est là l'avantage du troisième système, le système vosgien.

3° *Système Vosgien ou Landais.* — Tous les médecins, officiers de santé, sages-femmes, du département sont invités par le préfet à faire connaître, s'ils adhèrent aux dispositions du règlement départemental pour l'exercice de la médecine gratuite. Tout malade a le droit de faire appel au médecin ou à la sage-femme de son choix parmi ceux qui auront adhéré au règlement, à condition toutefois que le médecin et la sage-femme appelés acceptent d'être rémunérés par le tarif applicable au médecin ou à la sage-femme les plus rapprochés du malade. Les pharmaciens ayant adhéré au règlement départemental sont chargés de la délivrance des médicaments prescrits par les médecins ou sages-femmes de service. Ce système ne peut qu'être encouragé. « Il respecte, dit M. Rey, dans son rapport, à la fois l'indépendance du médecin et la liberté du malade. Le pauvre, a comme le riche, la consolation de se voir traité par le praticien qui a sa confiance et, malgré les apparences contraires, il ne paraît pas en résulter des charges plus lourdes pour le budget de l'assistance. » Il est, de même, signalé au premier plan, par l'exposé des motifs du projet du gouvernement et par le rapport de M. Dreyfus-Brisac, au conseil supérieur de l'assistance publique, qui n'explique l'existence dans certains départements des deux autres systèmes que par le motif suivant : « ils facilitent la besogne de l'administration et permettent d'établir aisément à l'avance le budget de l'assistance médicale. »

Dans le type Landais on détermine à forfait le prix des visites médicales suivant un tarif joint au règlement préfectoral. Si nous prenons le règlement du département de la Seine-Inférieure, nous trouvons le tarif suivant :

Consultation au domicile du médecin : 1 fr.

Visite au domicile du malade dans la commune de la résidence du médecin : 1 fr. 50.

Visite au domicile du malade hors de la commune de la résidence du médecin :

De jour : 2 fr.

Et 0 fr. 15 par kilomètre (aller sans retour).

De nuit : 4 fr.

Et 0 fr. 20 par kilomètre (aller sans retour).

Accouchements : 15 fr.

La visite de nuit s'entend de toute visite faite après 10 heures du soir et avant 6 heures du matin.

Tel est le taux pour les soins ordinaires, mais il peut y avoir des opérations à domicile. Le même règlement dit à ce sujet : le tarif des opérations est fixé tous les trois ans par arrêté préfectoral, après avis de l'association des médecins de la Seine-Inférieure et délibération de la commission départementale ; de même un tarif est fixé pour les médicaments « qui devra se rapprocher autant que possible de celui des sociétés de secours mutuels et de la compagnie des chemins de fer de l'Ouest », et l'on a même prévu le cas de maladie grave nécessitant le prix de rémunération du médecin consultant, comportant visite double, plus une indemnité de déplacement de 0 fr. 30 par kilomètre (aller sans retour) jusqu'à concurrence de 15 kilomètres. Tous ces chiffres doivent être combinés avec le principe émis au début de nos explications, et d'après lequel le médecin et la sage-femme appelés doivent accepter d'être rémunérés d'après le tarif applicable au médecin ou à la sage-femme les plus rapprochés du domicile du malade. Une disposition contraire pourrait entraîner les plus graves abus. Les praticiens sont payés chaque année, sur le vu des billets de visite et des ordonnances, accompagnés d'un bordereau récapitulatif, et transmis à la préfecture. En traitant de la distribution des secours, nous étudierons en détail les mesures prises pour assurer et contrôler les visites faites et les médicaments fournis. Nous ne faisons, pour le moment, que constater que notre système entraîne un mode de rémunération proportionnel des médecins et des pharmaciens, au lieu du traitement fixe de la médecine cantonale. Le mécanisme, certes, est plus compliqué, mais, à les autres points de vue, il est préférable, et c'est l'organisation Vosgienne qu'il faut appliquer dans tous pays où le nombre des praticiens la rend susceptible de fonctionner efficacement.

CHAPITRE IV

DES SECOURS MÉDICAUX

Section I. — Quelles seront les personnes assistées

Une première question, c'est celle de savoir qu'elles conditions un individu doit remplir pour que la commune ait l'obligation de lui donner des secours. (Je ne dis pas pour qu'il ait droit au secours). L'article 1er de la loi en énumère plusieurs.

1° Il faut être Français. Le texte dit : tout Français ; comprend par conséquent les naturalisés aussi bien que les nationaux, ceux qui sont Français sous condition résolutoire, comme les fils d'étrangers nés en France, aussi bien que ceux qui deviennent Français sans condition, comme la femme étrangère épousant un Français. Mais le bénéfice de l'assistance médicale est réservé aux seuls Français, et les étrangers, même admis à domicile, n'en jouissent pas de plein droit. Toutefois, remarquons aussitôt que les personnes, dont nous parlons, ne seront pas forcément privées de secours. S'ils tombent malades, l'article 1er de la loi de 1851 leur garantit les soins hospitaliers ; s'il n'existe pas d'hôpitaux dans la commune, les bureaux de bienfaisance *pourront*

leur venir en aide. Mais supporteront-ils définitivement
la dépense ? Non, si nous nous en rapportons aux lignes
suivantes, du rapport de M. Rey : « Si les hôpitaux
peuvent supporter sans trop d'inconvénients la charge
que leur impose l'assitance des étrangers, il n'en saurait
être de même pour les communes qui, ne possédant pas
d'établissements hospitaliers, devraient faire face à la dépense avec les ressources des contribuables. Aussi les
étrangers qu'elles seront appelés à soigner devront être
assimilés aux Français sans domicile de secours, et c'est
à l'Etat qu'incomberont les frais du traitement». La commission de la Chambre avait ajouté à ce propos un paragraphe à l'article 2, d'après lequel, en ce qui concerne
les étrangers, si leur pays d'origine n'avait pas de traité
de réciprocité avec la France, le recours pouvait être
exercé contre l'employeur. La solution était inspirée de
la même idée que le serait une taxe sur les ouvriers étrangers, une idée de protection du travail national ; en char-
geant les patrons d'assister leurs employés non français, on les incitait à ne prendre que des ouvriers de nationalité française. La disposition paraissait bonne à
conserver, et je ne sais pourquoi elle a disparu de la rédaction finale.

Il y aura cependant, en France, des étrangers, qui
jouiront d'une situation privilégiée, ce seront les nationaux de pays ayant passé des traités d'assistance réciproque avec la France. Décision, qui paraît juste au
premier abord, mais, avec le rapporteur, nous ferons remarquer, que les peuples voisins seront plus favorisés
que nous, car pour plus d'un million d'étrangers qu'il y

a en France, nous avons à peine chez eux un demi-million de compatriotes.

Bref, et pour nous résumer, l'obligation de l'assistance médicale existe pour les Français et pour les étrangers appartenant à une nation ayant un traité d'assistance réciproque avec la France ; mais elle n'existe que pour ceux-là.

2° Il faut être malade. Comme nous l'avons dit au début, la loi nouvelle est une loi spéciale, une loi d'attente, qui ne traite qu'une partie restreinte du grand problème posé. La circulaire explicative, du 18 mai 1894, a fort nettement défini le malade, c'est celui qui pourrait être admis dans un hôpital, mais qui ne serait pas reçu dans un hospice. Les vieillards, les incurables ne doivent pas encore, en toute commune, être secourus. Au Sénat on a cru devoir spécifier : les femmes en couches ; l'on a, à cet effet, ajouté un paragraphe à l'article premier. Peut-être cette addition était-elle inutile, personne n'aurait songé, je crois, à contester que les femmes en couches ne dussent être assimilées à des malades, et si l'on tenait à faire une loi très explicite, il eût mieux valu, sur bien d'autres points, développer le texte voté.

3° Il faut être privé de ressources. Cette expression a été discutée. Les uns voulaient mettre le mot « indigents » (Voir l'amendement de M. de Carné au Sénat), les autres ont préféré la périphrase adoptée, sous prétexte que le terme indigent « peut avoir un caractère déplaisant. » Je ne sache pas, que dans la langue courante on considère l'indigence comme un crime et je trouve plus mauvais encore le second motif qu'on a invoqué.

Le mot indigent, dit-on, a, dans le vocabulaire administratif, un sens restreint, il désigne ceux qui sont inscrits au bureau de bienfaisance. Mettons : privé de ressources, cela permettra de comprendre sur la liste un plus grand nombre de personnes. Qu'on nous permette de soutenir, au contraire, que cette dernière expression a un sens moins étendu que le mot indigent ; il y a des chefs de famille, qui, pour n'être pas privé de ressources, ne se trouvent pas moins, par suite, de la maladie simultanée de plusieurs de leurs enfants dans une situation de gêne momentanée, situation qui devrait leur permettre de participer aux secours médicaux. S'autorisant du texte actuel, la commune pourrait se croire en droit de les leur refuser. Et la meilleure preuve de la vérité que nous avançons, c'est que l'exposé des motifs décide que la liste devra comprendre *non seulement* les individus privés de ressources, *mais aussi* ceux qui se trouvent dans une situation précaire le jour ou surviendrait la maladie.

Section II. — Qui assistera les indigents malades.

Ici deux situations vont se présenter : ou l'on aura dans une commune, et subsidiairement dans un département, son domicile de secours, ou bien l'Etat, aux termes de l'article 8, se chargera de vous assister. Cette obligation de l'Etat est la résultante naturelle du principe posé dans l'article 1er de la loi: tout Français malade privé de ressources reçoit les secours médicaux. Mais ce qu'il faut remarquer, c'est que l'obligation de l'Etat est une obligation purement morale, puisqu'on n'a pas donné à l'individu le droit de réclamer l'assistance.

Comment se fait-il que nous trouvions des individus, qui n'ont pas, quant à l'assistance médicale, de domicile de secours ? C'est la conséquence inévitable de la législation à cet égard, telle que la loi de 1893 l'a reformée, et telle que nous allons maintenant l'étudier.

Mais auparavant une question se pose : avant la loi nouvelle, la loi de vendémiaire an II régissait la matière. Cette loi, vestige d'une époque où l'on admettait le droit à l'assistance, avait perdu de son intérêt, puisque les dépenses d'assistance étaient devenues pour la plupart facultatives, cependant le Conseil d'Etat avait plusieurs fois jugé qu'elle était toujours en vigueur (arrêts du 9 mai 1880, du 16 février 1886). La question se pose donc de savoir si elle est totalement abrogée par la loi de 1893. La solution à notre avis, ne saurait faire aucun doute. Rien, dans les travaux préparatoires et les discussions, ne permet de décider dans le sens de l'affirmative ; la loi nouvelle porte pour titre : loi sur l'assistance médicale, et n'a pu déroger à la loi générale de vendémiaire an II qu'en ce qui touche son objet spécial, l'assistance médicale. Dès lors, en toute autre matière d'assistance, spécialement pour les aliénés, on devrait continuer à appliquer les principes anciens.

Voyons en quoi les décisions nouvelles en diffèrent. Comment d'après le texte, dont nous nous occupons, acquiert-on un domicile de secours ? L'art. 6 nous répond : par une résidence habituelle d'un an dans une commune, par la filiation, par le mariage. Il y a au point de vue du domicile deux catégories à distinguer : les individus ayant un domicile propre, ceux qui n'auront qu'un domicile de transmission, ou un domicile de famille. Les premiers sont : le chef de famille, ou l'individu considéré comme apte à l'être par la loi (l'aptitude légale naît à partir de la majorité et de l'émancipation) ; de la seconde catégorie font partie les femmes mariées, non veuves, non divorcées, non séparées de corps, et les enfants mineurs. Le but du législateur, en statuant ainsi, a été de fonder dans la famille l'unité du domicile au point de vue des secours médicaux, comme, dans la loi de 1889 sur la nationalité, il avait essayé de fonder l'unité de nationalité dans cette même famille. Son but a été supprimer ces situations fâcheuses résultant de la loi de l'an II, sous l'empire de laquelle on voyait un père, une mère et un enfant avoir trois domiciles différents. En effet, le principe posé dans l'article 2 de ce dernier texte, c'est que le lieu de la naissance est le lieu naturel du domicile de secours et l'article 3 ajoutait : que le lieu de naissance était pour les enfants le domicile habituel de la mère au moment où ils sont nés. (C'était un lieu de naissance fictif et juridique qu'on considérait). Or le domicile habituel de la mère pouvait fort bien n'être pas son domicile de secours, si elle n'avait pas un an de résidence dans la commune où elle habitait, ou si, étant mariée, elle n'avait pas six mois de résidence dans la commune où son mari avait lui-même son domicile de secours ; car le marage n'avait pour résultat que de *faciliter* l'acquisition du domicile de secours au mari, tandis qu'aujourd'hui il le *transmet immédiatement*. De même le lieu de naissance de l'enfant pouvait fort bien ne pas être le domicile de secours du père, si ce dernier n'avait pas un an résidence dans cette commune, ou si, ayant lui-même son lieu de naissance dans cette commune, il était revenu s'y fixer après sa majorité et n'avait pas encore six mois de résidence. J'ai dit : six mois, car le retour au lieu de naissance après la majorité avait pour résultat d'y *faciliter* l'acquisition du domicile de secours, tandis que dans la loi nouvelle, nous ne trouvons pas de disposition semblable, et qu'après la majorité, pour un chef de famille, un célibataire ou une femme non mariée, la résidence d'un an est toujours exigée.

Une autre différence entre l'ancienne législation et la nouvelle, c'est qu'on peut perdre son domicile de secours primitif sans en avoir acquis un autre. Après la majorité ou l'émancipation, le domicile sera perdu par une absence ininterrompue d'une année. Et si l'on n'a pas acquis un autre domicile de secours, par exemple si pendant cette année on a séjourné en plusieurs communes et en plusieurs départements, c'est alors qu'interviendra l'article 8, c'est alors qu'on sera à la charge de l'Etat. Mais remarquons que dans le but de diminuer le nombre des individus n'ayant aucun domicile de secours, la loi nouvelle a *dédoublé* ce domicile. Actuellement un homme peut, dans un département, remplir les conditions nécessaires, exigées par l'article 6, tandis qu'en une commune il ne pourrait y satisfaire. La loi de 1893 a ainsi répondu au reproche formulé contre la législation ancienne et aux lignes suivantes du rapport de M. Dreyfus-Brisac au Conseil supérieur : « La législation actuelle (celle de l'an II) présente un autre inconvénient qui n'est pas moins grave, en ce qu'elle laisse à l'indigent son domicile de secours naturel aussi longtemps qu'il n'en a acquis un nouveau. Qu'il ait quitté son pays d'origine depuis de longues années, sans y conserver aucune attache, il n'en reste pas moins à la charge de sa commune d'origine et demander à une commune de payer les soins médicaux donnés à des indigents qui lui sont devenus depuis longtomps étrangers, ce serait une choquante anomalie ».

Après avoir signalé une dernière différence qui consiste à demander pour *tous* les mêmes conditions dans la loi nouvelle, tandis qu'en l'an II des conditions plus rigoureuses étaient exigées de *quelques-uns*, par exemple des gens de service, nous allons étudier dans leurs termes les articles 6 et 7 de la loi de 1893, qui déterminent les conditions d'acquisition du domicile de secours.

Le domicile personnel s'acquiert par un an de résidence habituelle. Cette question de délai est très discutée. Sans parler du domicile civil, dont la détermination, un peu vague, entraînerait ici des difficultés sans nombre, on s'est fort divisé sur la durée de résidence à exiger. Lors de l'enquête faite en 1873 par l'Assemblée Nationale auprès des Conseils généraux, les opinions les plus divergentes se sont fait jour ; les uns préconisaient six mois, comme pour le domicile électoral, d'autres un an, d'autres deux ans, d'autres davantage, un bon nombre enfin, gardant un silence prudent, avaient éludé la question, et si nous étudions les législations étrangères, les mêmes dissentiments se produisent. L'Allemagne demande deux ans, la Belgique cinq. Bref on s'est arrêté au terme d'un an, après avoir songé à celui de deux ans (projet du gouvernement) ; et il semble que la solution soit assez raisonnable. Dans un pays de grande industrie, comme le nôtre, où une découverte nouvelle peut subitement amener une recrudescence de travail et partant une augmentation du nombre des travailleurs sur tel point, où par contre dans une certaine contrée le chômage peut être presque total ; quand, de plus, la facilité des communications amène la facilité du déplacement des ouvriers, un délai bref est évidemment le meilleur et, si l'on n'avait craint de compliquer encore la législation du domicile de secours, le terme de six mois semblerait préférable, car il aurait l'avantage de faire acquérir à un individu son domicile de secours en même temps que son domicile électoral. La loi ajoute que c'est la résidence habituelle qui sert à déterminer ce domicile. L'expression « habituelle » nous paraît défectueuse. Un employé de chemin de fer, par exemple, ne réside pas *habituellement* dans la commune où il a son domicile, puisqu'il passe au dehors la plus grande partie de son temps. J'aurais supprimé le mot « habituelle », pour laisser simplement subsister le mot « résidence », qui, à lui seul, exprime fort bien la pensée. La résidence, en somme, c'est le foyer, pour nous servir d'une expression plus vulgaire ; c'est là que l'indigent a sa famille, quelques débris de mobilier, sa chambre ou son pauvre logis ; c'est là qu'est son point d'attache, c'est là qu'il doit être secouru.

Le texte se termine par ces mots « postérieurement à la majorité ou à l'émancipation ». Avant cette époque l'indigent a le domicile de famille, et non un domicile propre, et nous passons ainsi à l'explication du paragraphe deux. Observons auparavant que la loi de 1834, ne demande pas une inscription au greffe de la mairie, pour faire courir le délai d'un an, comme la loi de l'an II. C'est peut-être un tort, car cette marque sensible supprimerait bien des difficultés dans la pratique.

Le domicile de secours s'acquiert en deuxième lieu par la filiation. Mais il y a deux sortes de filiations : la filiation légitime, la filiation naturelle ; au cas de filiation légitime, en temps normal, l'enfant aura le domicile de son père ; mais ce pourra être, en certaines hypothèses, celui de la mère : 1° si le père est mort ; 2° si le père est divorcé ou séparé de corps, et qu'il ait été privé de la garde de l'enfant et du soin de son éducation. Au cas de filiation naturelle, si l'enfant n'est reconnu ni par sa mère ni par son père, il fera partie ordinairement du service des enfants assistés ; l'article 9 prévoit l'hypothèse, et dispose que les enfants assistés ont leur domicile de secours dans le département au service duquel ils appartiennent, jusqu'à ce qu'ils *aient acquis un autre domicile de secours* (c'est une exception à la règle générale citée plus haut). Si l'enfant est reconnu par les deux parents ou par le père seul, il se trouve dans la même situation qu'un enfant légitime ; si l'enfant est reconnu par la mère seule, il a le domicile de cette dernière. En un mot, la théorie de la loi sur ce point peut se résumer ainsi : L'enfant jusqu'à sa majorité, ou son émancipation (notons que cette dernière expression comprend l'émancipation tacite, le mariage, comme l'émancipation expresse) n'a pas de domicile propre, mais prend le domicile du chef de famille. Il en est de même de la femme mariée, dont s'occupe le paragraphe 3.

Ce paragraphe insiste sur les conditions exigées de la femme mariée, au point de vue du domicile de secours communal ; il faut, que cette femme ne soit pas séparée de corps. Car dans cette hypothèse, de même que dans celle de divorce, la femme acquiert, à partir de la séparation et du divorce un domicile propre. La famille est désunie ; le domicile de famille cesse d'exister, tout au moins quant à la femme. Cependant, en fait, c'est souvent la commune où elle devait recevoir l'assistance durant le mariage qui continuera d'être obligée. Car la loi ajoute : les veuves, les femmes divorcées ou séparées de corps *conservent* le domicile antérieur à la dissolution du mariage et du jugement de séparation, mais elles le conservent aux mêmes conditions qu'un domicile propre, et sauf à ne pas s'absenter durant un an de cette commune. Le but du paragraphe de la loi a été simplement de ne pas obliger la femme à se créer, immédiatement après la dissolution du mariage, un nouveau domicile.

Telles sont les différentes dispositions concernant l'acquisition du domicile ; pour ne pas laisser de lacune dans ce travail, nous devons signaler, sans y insister, le dernier paragraphe de l'article, qui décide qu'en dehors des cas prévus, le domicile de secours est le lieu de naissance jusqu'à la majorité ou l'émancipation. Ceci nous permet de remarquer que dès lors l'État n'aura jamais à s'occuper de donner des secours aux mineurs. Nous observerons en outre que le texte recevra peu d'applications, étant donné l'article 9 cité plus haut : à titre d'exemple, la circulaire du 18 mai 1894 signale le cas de l'enfant non reconnu, qui ne ferait pas partie du service des enfants assistés, et nous pouvons y ajouter : l'enfant adultérin ou incestueux.

Sur la perte du domicile de secours, nous avons peu de chose à ajouter à ce que déjà nous avons dit. L'absence d'un an, postérieurement à la majorité où l'émancipation, et l'acquisition d'un nouveau domicile de secours (ceci s'applique à la femme mariée), sont les causes indiquées par la loi, qui distingue entre l'absence volontaire, et l'absence de force majeure. A titre d'exemples, et pour terminer, nous citerons, comme rentrant dans les termes du dernier paragraphe de l'article 7 (absence de force majeure), la présence sous les drapeaux, l'internement dans un asile d'aliénés, dans un dépôt de mendicité, l'emprisonnement, etc.

CHAPITRE V

« Dans chaque commune, dit l'article 10, un bureau d'assistance assurera le service de l'assistance médicale ». Les mots : « dans chaque commune », qui commencent cet article fondamental sont encore la résultante nécessaire de l'article 1er de la loi. Du principe de l'assistance médicale obligatoire, déroule cette conséquence que toute commune doit posséder un bureau d'assistance publique.

Et, qui plus est, cet établissement de secours publics, spécialement destiné à procurer aux pauvres l'assistance médicale, absorbera peu à peu, comme déjà nous l'avons exposé, les autres services de bienfaisance, au fur et à mesure que les ressources nouvelles permettront de les augmenter dans les communes où ils font actuellement défaut ; ajoutons que le bureau d'assistance n'est pas seulement un rouage administratif, c'est aussi une personne morale distincte. Reprenant le plan que nous avons suivi pour les bureaux de bienfaisance, nous devrions traiter successivement de ses organisations et des actes de sa vie civile ; mais, notre tâche sera facilitée par les détails que nous avons donnés pour les bureaux de bienfaisance.

Cependant, il faut remarquer, que le législateur, perdant sans doute de vue cette vérité que la loi de 1851 ne s'applique en aucune façon aux bureaux de bienfaisance, a fait régir par ses dispositions les nouveaux bureaux d'assistance. Il crée ainsi une anomalie bizare. En effet, la loi de 1851 est plus libérale que les décrets et ordonnances antérieures, réglant l'administration des bureaux de bienfaisance, et, dans une même commune, nous verrons les *mêmes* administrateurs, posséder des pouvoirs *plus étendus*, quand ils administreront le bureau d'assistance, que lorsqu'ils agiront pour le compte du service des secours ordinaires à domicile. C'est une situation malheureuse et qui appelle au plus tôt une réforme nécessaire, une refonte générale des textes qui concernent l'assistance.

§ I. *Composition du bureau d'assitance.*

Elle varie suivant qu'il existe dans les communes, soit un bureau de bienfaisance, soit un hospice, soit les deux établissements ensemble, ou suivant qu'il n'existe aucun de ces établissements.

En tout cas, le législateur s'est inspiré de cette idée juste qu'il fallait, autant que possible, réunir dans les mêmes mains les services d'assistance, idée déjà préconisée par le gouvernement en 1873, et qui ne fut pas adoptée par l'Assemblée nationale.

Nous devons distinguer à cet égard cinq hypothèses :

1° La commune possède hospice et bureau de bienfaisance. Le bureau d'assistance se compose des deux commissions administratives réunies sous la présidence du maire ou de l'adjoint remplissant les fonctions. Le nombre des membres variera de sept à treize dans les communes, où les commissions ont le nombre normal de membres, et n'ont pas bénéficié de la disposition de l'article 2 de la loi de 1879, modifiée en 1879 ; je dis de sept à treize, car des membres peuvent faire partie à la fois de la commission de l'hospice et de celle du bureau de bienfaisance ; il n'y a, à cet égard, aucune incompatibilité édictée dans les textes.

2° La commune possède seulement un bureau de bienfaisance. La composition de la commission d'assistance sera identique à celle du bureau de bienfaisance. Les administrateurs seront simplement à la tête d'un service, peut-être nouveau, mais désormais toujours obligatoire et quant à ce service, c'est là où apparaît le défaut de symétrie, ils auront des pouvoirs plus étendus qu'en ce qui touche les secours à domicile aux indigents non malades. Mais ce qu'ils gagnent en liberté pour les actes de la vie civile, ils le perdent en attribution pour le budget de l'assistance médicale, car le bureau d'assistance n'a pas un budget propre : ses dépenses et ses recettes sont inscrites au budget municipal.

3° La commue n'a pas de bureau de bienfaisance, mais elle possède un hospice, c'est le cas le plus rare. Ici la loi n'a rien dit, mais la circulaire explicative suppose qu'en cette hypothèse la commission de l'hospice sera chargée du service et, pour en décider ainsi, on peut s'appuyer sur l'idée du législateur de centraliser dans les mêmes mains les services d'assistance.

4° La commune n'a ni hospice, ni bureau de bienfaisance. Alors, et suivant la loi de 1873, modifiée en 1879, on composera la commission nouvellement formée du maire, de deux délégués du conseil municipal, et de quatre administrateurs nommés pour la première fois par le ministre et ensuite par le préfet.

5° La commune fait partie d'un syndicat, qui a un hospice ou un bureau de bienfaisance intercommunal. La situation est des plus régulières depuis la loi de 1890 sur les syndicats de communes. Ce qui soulève ici la difficulté, c'est la suppression par la Chambre du § 1er de l'article 12 du projet du gouvernement ainsi conçue : à défaut d'hospice ou de bureau de bienfaisance, le bureau d'assistance représente les pauvres de la commune, ou du *syndicat de communes*. Or, la rédaction adoptée par la Chambre n'a pas reproduit ces expressions et le Parlement paraît avoir adopté la théorie du rapporteur qui s'exprime ainsi : « Le projet du gouvernement admettait qu'il pourrait n'y avoir, dans certains cas, qu'un bureau d'assistance par syndicat de communes. Nous estimons que ce système aurait de nombreux inconvénients et serait la source de nombreuses difficultés. Comment mettrait-on d'accord la loi du 5 août 1879, qui édicte que les commissions du bureau de bienfaisance, et par suite des bureaux d'assistance, seront composées de sept membres, avec la loi du 22 mars 1890 sur les syndicats de communes qui veut que chaque commune ne soit représentée dans le syndicat que par deux délégués ? Le service de l'assistance dans la commune ne serait plus en réalité dirigé que par deux personnes. » On ne peut objecter, toujours d'après M. Rey, que dans les petites communes on ne trouvera pas les éléments nécessaires pour former la commission, car il ne faut pas oublier que le plus petit conseil municipal se compose de dix membres et l'on ne peut prétendre que les fonctions de la commission administrative sont plus difficiles que celles des conseillers municipaux. « Le syndicat, ajoute-t-il, est excellent pour la création d'hôpitaux et d'infirmeries ; il ne présenterait que des désavantages pour le service à domicile, la présence d'un bureau d'assistance communale provoquant les legs, les aumônes et les dons ». Il est facile de répondre aux arguments des partisans de l'opinion du rapporteur, que nous nous trouvons malheureusement en présence d'un texte formel, l'article 35, déjà, commenté, qui déclare que les syndicats de communes qui justifient remplir d'une manière complète leur devoir d'assistance, peuvent être autorisés à avoir une oganisation spéciale. Dès lors, ces syndicats pourront avoir un bureau d'assistance unique, dont la commission se composera de quatre membres nommés par le préfet, de deux membres élus par le comité, et du président du syndicat, l'art. 176 de la loi de 1884 étant ainsi conçu : « L'administration des établissements faisant l'objet des syndicats est soumise aux règles du droit commun. Leur sont notamment applicables les lois qui fixent, pour les établissements analogues la constitution des commissions consultatives ou de surveillance. Signalons pour terminer la disposition finale du même article : « toutefois, si le syndicat a pour objet de secourir des malades, des vieillards, des enfants et des incurables, le comité pourra décider qu'une même commission administre le secours

d'une part à domicile, d'autre part à l'hospice ou à
l'hôpital. »

§ II. *Attributions du bureau d'assistance*

C'est l'article 11 de la loi qui règle la matière ; il est
assez mal rédigé et l'on a placé à la fin le paragraphe
essentiel, celui qui pose le principe, les autres n'étant
que des exceptions : « Les bureaux d'assistance sont soumis aux règles qui régissent l'administration et la comptabilité des hospices, en ce qu'elles n'ont rien de contraire
à la présente loi. » « La législation hospitalière, qui résulte
notamment de la loi du 7 août 1871, dit l'exposé des motifs, qui est entrée depuis longtemps dans la pratique,
dont la jurisprudence a fixé le sens, et dont l'application
donne lieu à peu de difficultés, paraît devoir être étendue
aux bureaux d'assistance. » Ces motifs ayant été adoptés,
nous devons signaler des différences assez notables entre
la législation des bureaux de bienfaisance et celle des
bureaux d'assistance. D'abord, les commissions des
bureaux d'assistance régleront par leurs délibérations les
objets suivants ; le mode d'administration des biens et
revenus, les conditions des baux à ferme et à loyer,
n'excédant pas 18 ans pour les biens ruraux et 9 ans
pour les autres, les conditions des marchés. pour fournitures et entretien, dont la durée n'excède pas une
année, les travaux de toute nature dont la dépense n'excède pas 3.000 francs. Sur tous ces points, leurs délibérations seront exécutoires par elles-mêmes, si, dans les
trente jours, le préfet ne les a pas annulées pour violation

d'une loi ou d'un règlement d'administration publique,
ou sur la réclamation d'une partie intéressée. Or, sauf
une exception pour travaux d'entretien, les délibérations
du bureau de bienfaisance sont toutes soumises à approbation. Par contre, pour ce dernier, l'approbation quel-
quefois est donnée par le sous-préfet, tandis qu'en ce
qui touche le bureau d'assistance, nous revenons à la
règle générale et à la tutelle du préfet. En troisième lieu,
nous avons vu que les procès des bureaux de bienfaisance devraient être, au point de vue du texte, soumis
au préfet et non au Conseil de préfecture tandis que,
pour les hospices, l'article 9 de la loi de 1851, décide
que les délibérations soumises à approbation suivent,
quant aux autorisations, les règles des délibérations du
conseil municipal. Dès lors, par assimilation formelle,
on devra faire autoriser par le Conseil de préfecture les
actions des bureaux d'assistance. De plus, la loi nouvelle a voulu, dans ce cas s'expliquer nettement sur la
nomination du membre du bureau chargé de représenter le bureau dans les actions, comme dans les autres
actes de la vie civile. Et elle prescrit (article 11) à la
commission de le désigner au début de chaque année.
Toutefois, elle a posé une exception dans le § 1er. (Ce
paragraphe aurait dû, d'après l'ordre logique des
idées, suivre la phrase qu'il précède, au contraire). Nous
y voyons que le maire, président de droit, peut seul accepter, à titre conservatoire, les dons et legs faits en faveur de l'assistance médicale. Deux remarques à faire
sur ce texte : d'abord il donne au bureau d'assistance la
faculté d'acceptation provisoire, que nous avons refusé

au bureau de bienfaisance, ensuite il paraît fort inutile, étant donné l'article 11 de la loi de 1851, à moins qu'on n'ait voulu dire que le président accepte provisoirement, même avant de demander à ce sujet l'avis de la commission. On a, en effet, supprimé (est-ce intentionnellement) de la rédaction de 1893, les mots : « en vertu de la délibération de la commission », qui figurent dans la rédaction de 1851. La circulaire déjà citée admet l'intention et s'exprime ainsi : « Vous remarquerez qu'à la différence de ce que prévoit l'article 11 de la loi du 7 août 1851 pour les hospices, le président n'a pas besoin, pour accepter provisoirement, d'être habilité par une délibération de la commission administrative ; néanmoins, toutes les fois que cela sera possible, il sera bon que le président agisse de concert avec la commission. »

Enfin, à la différence de ce qui se passe pour les bureaux de bienfaisance, la commission du bureau d'assistance devra faire approuver par le préfet, aux termes de l'article 8 de la loi de 1851, son règlement déterminant les règles de fonctionnement du service dont nous allons maintenant nous accuper.

CHAPITRE VI

Section Ire. — Admission aux secours.

Il faut distinguer entre les personnes ayant un domicile de secours communal et celles qui n'ont pas de domicile de secours, ou n'ont qu'un domicile départemental.

§ 1. — *Personnes ayant un domicile de secours communal*

Pour celles-ci, nous distinguerons l'admission normale, l'admission extraordinaire ou en cas d'urgence. Sont admis normalement les individus inscrits sur la liste d'assistance. Comment est formée cette liste? La loi ordonne de l'*établir* chaque année, et de la *reviser* tous trimestres ; c'est le catalogue alphabétique des indigents de la commune. Ce caractère la fait ressembler fort à la liste électorale, mais, immédiatement, et par ce que nous venons de dire, surgit une différence de forme essentielle : la liste électorale est permanente, et ne subit chaque année que des additions et des retranchements, la liste d'assistance a une durée temporaire, on la refait en entier, et de plus elle subit tous les trimestres des additions et des retranchements. Il est permis de penser qu'on a bien compliqué les formalités. M. le docteur Deyfus-Brisac approuve la disposition, en faisant remarquer que dans ces conditions les inscriptions, dont le bien-fondé serait contestable, n'auront qu'une durée limitée, mais il nous semble qu'en édictant une révision tous les trimestres, on aurait atteint le même but, en même temps qu'on aurait évité une règlementation trop minutieuse, qui risque d'être mal observée. D'ailleurs les garanties paraissaient, sans cela, suffisantes, la formation de la liste, et ses révisions subissent deux étapes, deux examens, celui de la commission qui *prépare*, celui du Conseil municipal qui *arrête* définitivement. Nous arrivons ainsi aux règles de formation.

L'article 12 s'en préoccupe. Il prescrit la réunion de la comission d'assistance à cet effet une fois tous les trimestres, et pour cette circonstance adjoint aux membres ordinaires des collaborateurs. Ce sont : le médecin (si l'on a adopté le système cantonal, ou le système par circonscription), ou les médecins abonnés (si la combinaison Vosgiene est de rigueur), le receveur, et un répartiteur désigné par le sous-préfet. Ces choix nous semblent assez heureux. M. Roussel, dans son projet de 1874 ajoutait un ministre du culte, ou plutôt un ministre des différents cultes professés dans la commune. Mais les temps sont changés, les commissions de bienfaisance ont été laïciées, et M. le sénateur Roussel, rapporteur de la loi nouvelle au Sénat, s'est fort bien gardé de parler dans la rédaction de 1893 du curé ou du pasteur. Cependant il nous paraît que ces personnes pourraient donner tout au moins des renseignements fort utiles, éviter des abus, empêcher que l'assistance, en certains cas, ne vienne doubler la charité privée. Et ces personnes n'auraient pu avoir qu'une influence bienfaisante, car la loi n'a donné aux collaborateurs de l'article 12 qu'une voix consultative. Il faut insister sur une expression du § 3 de cet article, et bien la comprendre, la loi dit, que le médecin, le receveur, le répartiteur peuvent assister. Le commissaire du gouvernement, questionné au Sénat sur le sens de ces deux mots, a fait remarquer qu'ils sont synonymes des mots : ont droit d'assister. C'est dire que la convocation est obligatoire, mais non la présence de ces personnes, et que si, dans certain cas, elles jugent leur absence non préjudiciable, elles jugent que les renseignements qu'elles donneraient, n'auraient pas grandes utilités, elles pourront se dispenser d'assister à la réunion.

Si nous continuons à commenter le texte, qui, dans cette partie, nous paraît fort complet, nous voyons que le législateur a exigé une inscription nominative, et non collective ou de famille. « Il peut arriver, dit la circulaire du 18 mai, que dans une même famille, certains membres soient dépourvus de ressources, tandis que d'autres sont en état de se suffire. » Il peut arriver surtout que la maladie de certains membres ait moins d'influence sur le sort commun que la maladie de certains autres. Ex. : prenons une famille composée du père, de la mère, et de trois ou quatre enfants Le père gagne à lui seul le pain nécessaire à la vie de chaque jour; les enfants sont en bas âge, la mère, forcée de s'en occuper, ne peut que gagner quelque argent, de façon irrégulière, et pour compléter le travail du père. Si c'est le père qui tombe malade, l'assistance devient immédiatement indispensable. Si c'est un enfant, il pourvoira peut-être à la nécessité, sans recourir aux secours, s'il a fait quelques économies, et s'il a quelques avances. Dans cette hypothèse, que fera la commission? Elle portera nominativement sur la liste le père de famille, et n'y portera point les enfants. On pourrait citer cent exemples analogues.

Nous avons signalé une première différence de la liste d'assistance avec la liste électorale ; en voici une seconde. Cette dernière ne subit, au point de vue administratif, qu'un seul examen ; la liste d'assistance en subit deux successifs, car, après sa formation par la commission, elle est soumise au Conseil municipal, et celui-ci n'a pas seulement un droit d'avis, il jouit d'un pouvoir propre, et délibérant en comité secret (on a voulu éviter des haines locales) fait des additions et des retranchements. Mais il les fait d'office, et, vu le silence de la loi, je crois qu'on ne peut élever devant lui des réclamations. La loi, pour donner une sanction efficace à sa disposition, a décidé, que l'établissement et les révisions auraient lieu un mois avant la session du Conseil municipal, c'est-à-dire en janvier, avril, juillet et octobre.

L'exposé des motifs justifie l'intervention du Conseil municipal de la façon suivante : Le Conseil municipal doit être appelé à statuer sur les inscriptions, puisqu'elles engagent éventuellement les finances communales. Un

simple droit d'avis ne garantirait pas les contribuables
contre toute prodigalité. Il faut que leurs représentants
autorisés, leurs élus aient un pouvoir de décision. Mais
n'est-il pas à craindre, que les passions politiques ne
trouvent un libre cours dans cette assemblée, beaucoup
plus qu'au sein de la commission d'assistance?

Contre la liste ainsi formée, qui peut réclamer : 1° le
sous-préfet ; 2° les contribuables ; 3° les indigents.
Ces trois sortes de réclamations ont des caractères bien
différents ; le recours qu'ouvre au sous-préfet l'article
15 est emprunté aux articles 3 et 4 du décret réglementaire du 6 février 1852 sur les élections ; comme le principe, il en emprunte les règles. C'est un recours concernant la forme, et le Conseil de préfecture n'aura pas à
examiner la composition de la liste, au point de vue du
fond ; son appréciation portera uniquement sur la question de savoir si les formalités ont été remplies. Si nous
rapprochons le décret du 2 février 1852 de la loi du 15
juillet 1893, nous voyons que les deux textes sont presque littéralement copiés l'un sur l'autre. Cependant la
loi de 1893 oublie de dire, et c'est une lacune à signaler,
dans quel délai le sous-préfet devra transmettre à son
supérieur hiérarchique, la copie de la liste et du procès-
verbal avec ses observations. De plus, différence à signaler, la loi de 1893 donne 8 jours au préfet pour déférer
les opérations au Conseil de préfecture, et 8 jours à ce
dernier pour statuer, tandis que dans le décret de 1852,
ces deux mêmes délais sont réduits à 2 et 3 jours. Je
ne vois pas pourquoi la loi n'a pas ici copié le décret, la
formation de la liste d'assistance comporte toute aussi

grande urgence que celle de la liste électorale. 2° Les
contribuables peuvent réclamer l'inscription et la radia-
tion. C'étaient à eux seuls, que le projet du Gouvernement donnait la faculter de réclamer des inscriptions et
des radiations devant la commission cantonale, dont
nous parlerons tout-à-l'heure. On s'était inspiré de la
même idée qui a fait écrire dans la loi municipale de
1884, l'article 123. D'après ce texte, un contribuable
peut, à défaut du Conseil municipal, demander l'autorisation de plaider, au nom de la commune, au Conseil
de préfecture. On permet au contribuable de se substituer au Conseil municipal, s'il estime qu'il gère mal les
affaires communales. De même ici, le projet lui accordait, et pour les mêmes raisons, la faculté de réclamer,
si les décisions des représentants de la commune lui
semblaient défectueuses. La Chambre a peut-être, par
inadvertance, modifié sur les conseils de sa commission
toute la théorie, en introduisant une nouvelle classe de
réclamants, les habitants. Elle a donné ainsi à l'indigent
le pouvoir de demander son inscription, et dès lors, cela
ressemble fort à un droit à l'assistance. J'avoue ne pas
très bien comprendre les paroles du rapporteur qui s'exprime ainsi : « Bien que l'obligation d'assister n'entraîne
pas nécessairement le droit à être assisté, il était impossible de ne pas donner à l'indigent, qui se croit lésé,
le droit de demander son inscription sur la liste. » Car
pour qu'un individu puisse avoir droit à l'assistance, il
faut qu'un tribunal constate qu'il est véritablement indigent ; or, comme nous l'avons dit, la commission cantonale fait-elle autre chose ? Pour sauver au moins les

apparences, il faudra dire que cette commission est composée d'administrateurs, et non de juges, et qu'elle n'est pas forcée, comme la commission juge des réclamations en matière électorale, de motiver ses décisions ; et, puisqu'il ne voulait pas instituer le droit à l'assistance, M. Rey n'aurait pas dû, comme il le fait dans son rapport, appeler cette commission « un tribunal ». D'ailleurs, en fait, tout le monde lui, donnera ce caractère, et je ne vois pas pourquoi on a cherché si bien à sauver les apparences, quand, au point de vue pratique, il n'y a plus d'intérêt à les sauver.

Pour terminer, un mot sur la composition de cette commission cantonale ; elle se compose du conseiller général et d'un conseiller d'arrondissement, représentant l'élément électif, du sous-préfet, représentant l'élément administratif, et du juge de paix, représentant du pouvoir judiciaire. Le conseiller général primitivement devait être le seul membre élu, et s'il était empêché, il se faisait remplacer par un conseiller d'arrondissement dans l'ordre de nomination. La Chambre a voulu donner la prépondérance à l'élément électif dans le comité ; mais par contre elle a enlevé au sous-préfet la faculté de se faire suppléer par un délégué. C'est ce dernier fonctionnaire qui est chargé de convoquer ses assesseurs, et c'est lui qui préside ; c'est donc à lui que devront être adressées les demandes en inscription des contribuables et des habitants. La loi ne le dit pas, mais la logique l'impose.

La commission se réunit après chaque révision de la liste, s'il y a des réclamations. Tous les membres ne sont pas forcés d'être présents, puisque le § 2 de l'art. 17 dispose : le sous-préfet, ou *à son défaut*, le juge de paix préside la commission. Mais j'estime que, pour être sérieuse, la délibération doit être prise par trois membres. Si les quatre sont présents, il pourra y avoir partage de voix, et alors je donnerais voix profondérante au président, puisque ce dernier appartient à l'élément administratif, qui ne dispose que d'une voix, tandis que l'élément électif en possède deux, celle du conseiller général, et celle du conseiller d'arrondisement. La loi dit, que la commission pourra faire appeler le maire ; elle aurait, à notre avis, la même faculté pour toutes personnes, dont les renseignements seraient de quelque utilité, le médecin, par exemple, des voisins du réclamant (si c'est l'indigent), qui donneront des renseignements sur sa situation. Toutefois ces renseignements risquent souvent d'être peu impartiaux. Et l'on aurait pu, en cas de difficulté grave, faire faire par un étranger au pays, l'inspecteur des enfants assistés, par exemple, devenu pour la circonstance, inspecteur de l'assistance, une enquête préalable, pour éclairer les décicisions de la commission. L'intéressé peut-il être appelé ? Du silence de la loi, on arguera certainement dans le sens la négative, mais il me semblelogique de donner à la commission la faculté d'entendre l'intéressé, puisqu'elle entend son adversaire, le maire. Seulement le texte n'ayant rien dit, ce ne peut être une obligation pour la commission, et elle ne sera pas forcée de le convoquer, comme elle doit le faire pour le maire. Il en serait de même du contribuable réclamant.

La commission statue, en séance non publique.

Le président doit seulement donner avis au maire, et non au réclamant (cette dernière décision indique que ce n'est pas un tribunal). La loi a prescrit à cet effet un délai de huit jours. La liste est alors définitivement arrêtée et publiée.

Toute cette procédure concerne l'inscription normale, l'inscription définitive ; le législateur a pensé qu'il fallait instituer un mode spécial au cas d'urgence, c'est ce que nous appellerons l'inscription provisoire ou *extraordinaire*. Elle est régie par l'article 19. Elle est prononcée par le bureau d'assistance, ou par le maire « en cas d'impossibilité de réunir à temps le bureau de d'assistance ». Ces mots, un peu vagues, pourront donner lieu à des difficultés. Si nous nous rappelons que le bureau d'assistance est composé d'habitants d'une même commune le plus généralement tout au moins, il semble que le § 2 de l'article n'aura que peu d'applications ; car notre texte ne s'applique qu'aux maladies chroniques (l'exposé des motifs le dit). Nous ajoutons : et seulement aux malades ayant un domicile de secours communal ; car l'article 12 dispose que la commission admet *provisoirement*, c'est vouloir faire entendre qu'elle devra ratifier l'inscription, au moment de la révision de la liste, et pourvu que le malade remplisse à cette époque les conditions de domicile communal exigées.

§ II. — *Personne n'ayant pas de domicile de secours communal. Admission par le préfet.*

On distingue ici deux hypothèses : l'accident ou la

maladie aiguë ; la maladie chronique. L'article 22 traite de la première ; il est fort bien commenté, dans l'exposé des motifs ; son caractère et sa portée y sont nettement exposés, et nous n'avons qu'à en reproduire les observations. Il ne faut pas qu'un malade sans ressources puisse rester sans secours. Or, avant notre texte, l'hypothèse pouvait se réaliser dans toutes les communes, qui ne possédaient pas d'hôpital. Je m'explique : l'article 1er de la loi du 7 août 1851 avait posé comme règle que les hôpitaux étaient tenus de recevoir, sans condition de domicile, les individus privés de ressources, qui tomberaient malades dans la commune, siège de l'établissement hospitalier. Donc ces communes seules étaient obligées, et elles ne sont en France qu'au nombre de 1.200. On le voit, la réforme est donc fort importante. Car elle oblige les 34.921 autres à assister immédiatement l'individu sans ressources, atteint par la maladie où par un accident.

Mais le devoir d'humanité ne doit pas l'emporter sur l'obligation de justice, et la commune ou l'indigent est tombé malade peut exercer un recours contre celle de son domicile de secours. Il y avait un point délicat à régler ici. Fallait-il permettre à la première commune de récupérer tous les frais, et devait-on lui en laisser une certaine part, à sa charge, et, dans cette hypothèse, quelle serait la quotité de cette part. Le texte ici a varié ; le projet de loi mettait les cinq premiers jours à la charge de la première commune, parce qu'il était permis de présumer que la commune où la victime de la maladie avait été atteinte avait jusque-là bénéficié de son travail. La rédaction définitive porte : dix jours au lieu de cinq ;

après dix jours les frais de traitement n'incombent plus à la commune où l'individu est tombé malade, et l'on a institué un système compliqué de recours. Un individu étant tombé malade dans une commune, où il n'a pas son domicile de secours, la commune réclame les frais excédant les dix premiers jours de traitement à son département qui les lui paie d'après un tarif fixé par le conseil général. Mais le département ne doit pas supporter la somme ainsi produite, si l'individu dont il s'agit ne réunit les conditions nécessaires pour avoir chez lui domicile de secours. Alors de deux choses l'une : ou cet indigent n'a ni domicile de secours départemental, ni domicile communal. Dans ce premier cas la loi ne dit rien. Il nous semble que le département pourrait, par l'organe du préfet, demander au ministre l'ordonnancement d'une créance sur l'Etat ; mais, alors, pas plus que le particulier, le département ne peut employer de voie de contrainte. Ou cet indigent a un domicile de secours départemental ou communal, et alors le département en question exercera son recours contre le département, où l'individu aura ce domicile, ou contre le département à laquelle appartient la commune du domicile de secours. Ce qu'il faut remarquer, c'est que la commune ayant fourni les secours n'exerce pas, à proprement parler, directement le recours. Elle demande à son département de la rembourser et c'est ce dernier qui intente l'action en restitution d'avances, il ne l'intente que contre un autre département, qui, ayant avancé les fonds exercera le recours contre qui de droit, dit la loi, c'est-à-dire non seulement contre la commune du domicile, mais aussi, à notre avis, contre toutes personnes, sociétés ou corporations tenues à l'assistance médicale envers le malade, et notamment contre les membres de la famille de l'assisté désignés par les art. 205. 206, 207 et 212 du Code civil.

Pourquoi avoir compliqué ainsi les recours ? Pourquoi mettre en jeu deux actions au moins : l'action en remboursement, et une ou plusieurs actions en restitutions d'avance. Pourquoi n'avoir pas conservé la disposition si simple du projet, qui édictait un recours de la commune ayant fourni l'assistance contre celle du domicile de secours, en y ajoutant, en cas de besoin, un recours contre le département, un autre contre les personnes de l'article 2 ? C'est ce que nous avouons ne pas très bien comprendre.

Reste une dernière hypothèse : l'admission, au cas de maladie chronique, des individus n'ayant pas de domicile de secours communal. C'est ici le préfet qui prononce. Si l'indigent remplit les conditions nécessaires pour être assisté par le département, le préfet l'admet et adresse tous les mois à la commission départementale, en état récapitulatif de ces admissions. Au cas contraire, il èn refère au ministre. Mais, remarquons que c'est le préfet qui a pleins pouvoirs pour l'admission. La commission départementale et le ministre ne font que contrôler l'exécution de la loi. Un individu admis par le préfet, ne pourrait être, à notre avis, rayé par le ministre ou la commission. Par contre, l'individu n'ayant pas de domicile de secours communal a moins de garanties qu'un indigent ayant son domicile de secours dans une commune. Car, pour ce dernier, il y a deux assemblées qui interviennent successivement : la commission et le conseil, tandis que le premier n'aurait qu'un recours hiérarchique devant le Ministre de l'intérieur.

Section II. — De la distribution des secours.

Lorsqu'un individu admis à l'assistance médicale gratuite est atteint d'une affection nécessitant un traitement, il se présente au médecin du service si l'on a adopté le système cantonal, en ayant soin de se munir de pièces faisant foi de son inscription sur la liste. Le médecin lui donne telles consultations ou fait telles visites qu'il juge convenable.

D'après le système vosgien, la situation se complique et nous prendrons, pour exemple, l'organisation du service dans le département de la Seine-Inférieure, tel qu'elle est réglée par arrêté préfectoral. Le président du bureau d'assistance ou son délégué délivre à toute personne inscrite sur la liste d'assistance et à toute personne, dont l'admission a été prononcée d'urgence : 1° un carnet à souche contenant des billets de visites ; 2° une feuille mensuelle de maladie. Cette feuille, dit notre arrêté, ne sera valable que pour 8 jours, sauf prorogation par le président du bureau d'assistance. S'il existe un dispensaire (ils ne sont plus obligatoires, d'après le texte finalement adopté), l'indigent qui est atteint d'une maladie quelconque lui permettant de se transporter, se rend au dispensaire avec son carnet, et le médecin qu'il consulte, lui détache un billet de visite au dispensaire, faisant partie de son carnet, en l'avertissant, ou qu'il n'a plus besoin de revenir au dispensaire, ou qu'il devra s'y rendre à nouveau tel jour, ou bien que lui, docteur, ira le voir à son domicile. S'il n'y a pas de dispensaire, ou que le malade ne puisse s'y rendre, le malade fait appeler le médecin en lui faisant présenter son carnet (au cas d'admission extraordinaire pour urgence, le président du bureau d'assistance peut faire appeler directement le médecin, ou la famille peut le demander sur la présentation d'une note faisant foi de l'admission). La visite est constatée par la remise d'un billet au médecin, de plus le médecin mentionne sa visite sur la feuille de maladie, et à la fin de la maladie, cette feuille est remise au président du bureau d'assistance. Toutes ces formalités ont, au point de vue de la comptabilité, une grande importance, car tous les ans, avant le 1er février, les présidents des bureaux d'assistance transmettent à la préfecture les feuilles de maladie et les talons des carnets à souche, contenant les billets de visite, qui ont été détachés des pièces servent à contrôler les mémoires des médecins, qui doivent de leur côté transmettre à la préfecture avant le 1er février, leurs billets de visite, en les accompagnant d'un bordereau récapitulatif. Une commission de vérification composée de conseillers généraux et de médecins, présidée par le préfet, vérifie les mémoires, et toutes les dépenses sont ensuite mandatées par le préfet.

Le service est établi de façon analogue pour les pharmaciens et sages-femmes.

CHAPITRE VII

RESSOURCES DE L'ASSISTANCE MÉDICALE

Nous avions, dans notre seconde partie, intitulé le
chapitre correspondant : budget des bureaux de bienfaisance ; mais les bureaux d'assistance n'ont pas de budget : les recettes de l'assistance médicale sont toutes
versées au budget communal ; elles sont reversées ensuite au département, chargé de payer les dépenses.
Cette organisation paraît assez compliquée, et assez défectueuse.

Quoi qu'il en soit, grave est la controverse qui s'est
élevée relativement aux sacrifices qu'allait imposer aux
diverses circonscriptions la loi nouvelle. Les uns (voir
le rapport de M. Rey) estiment à 8 millions le coût du
service : d'autres, parmi lesquels M. Lesouef, au Sénat,
ont prétendu que le chiffre à dépenser serait bien supérieur. Une discussion sur les conséquences financières
de la réforme pourrait nous entraîner trop loin ; d'autre
part, il faut plus s'en remettre en ces matières à l'expérience qu'à la statistique, et l'expérience ne peut encore
nous éclairer la voie ; enfin, ne semble-t-il, qu'étant
donné l'urgence du service, il ne faut pas se heurter à
l'objection financière, et qu'en somme, dans un budget
de plusieurs milliards quelques millions de plus, peu-

vent fort bien être consacrés au soulagement des malheureux ?

Sur la question des ressources à créer, le rapport
adressé à l'Empereur le 24 avril 1867 par le Ministre de
l'Intérieur avait conclu à la répartition suivante de la
contribution à demander : 6/10 de la dépense aux communes ; 3/10 au département ; 1/10 à l'État. M. Roussel,
dans son rapport sur le projet devenu la loi de 1893, fait
remarquer avec raison qu'une quote-part de 6/10 est
excessive pour certaines communes et que l'on devrait
répartir de la façon suivante : attribuer 3/6 aux communes, deux au département, un à l'État. Tout en re-
marquant que la proportion est à peu près la même,
nous ferons observer que le défaut de cette organisation
est d'imposer à toutes les communes des charges analogues, alors que toutes ne peuvent les supporter. M.
Roussel, imposant à toute commune une dépense obligatoire de deux centimes additionnels, à la suite d'un
calcul qui est exposé dans le projet du 9 juillet 1872 ne
tenait pas compte de cette idée, pourtant fort importante, que les diverses localités ont une fortune et des
moyens bien inégaux, et que quelques-unes mêmes
manquent complètement de ressources. Le projet de
1893 a mieux vu l'objection. Il a modifié la charge suivant la richesse, et institué des subventions proportion-
nelles, d'après des barêmes annexés à la loi. Mais, pour
répondre à la conception vraie, on aurait dû faire supporter tous les dépenses aux groupements inférieurs, en
fondant une immense société de secours mutuels entre
ces groupements, un fonds de secours, où les communes
riches auraient versé leur superflu.

Au total des dépenses ordinaires, qui comprennent, aux termes de la nouvelle loi, en ce qui touche les secours à domicile, les honoraires des médecins, chirurgiens et sages-femmes, les frais des médicaments et des appareils, seront *successivement* affectées les recettes suivantes : 1° les recouvrements opérées par la commune ou au nom de la commune, en conséquence des recours prévus aux articles 2 et 21 de la loi ; 2° les ressources spéciales de l'assistance dans la mesure qui paraîtra convenable ; 3° les recettes spéciales créées par les communes, 4° les subventions à deux degrés. Sur la première catégorie, nous n'avons pas d'observations à faire ; quant à la seconde, ces mots de la circulaire me semblent inquiétants. « Le contingent de la commune sera prélevé d'abord sur la part des recettes attribuées aux pauvres (droit des pauvres sur les spectacles, produit des concessions funéraires etc..), qu'il paraîtra équitable d'affecter aux soins des malades. Or le préfet, chargé de répartir ces divers droits, ne sera-t-il pas tenté de doter le service obligatoire d'une partie trop importante, sinon de la totalité de ces droits, ce qui aurait pour conséquence de rendre la situation des indigents plus malheureuse en certaines communes qu'avant la loi nouvelle? Il faudra de même avoir grand soin de n'affecter à l'assistance médicale qu'une part restreinte des dons et legs faits aux pauvres d'une commune et de ne verser à son budget les revenus entiers de ces dons et legs, que si le testateur a spécifié les malades nécessiteux.

Mais ces libéralités devront dans cette hypothèse *en tous cas*, être versées au contingent, et de peur d'une

controverse, l'article 30 de la loi a spécifié les fondations faites aux établissements hospitaliers.

Parmi les ressources spéciales de l'assistance, dont
une somme fixe sera dès lors transportée au budget
communal, nous trouvons ensuite une part de ressources générales du bureau de bienfaisance (revenus
des biens, ancienne subvention de la commune),
et enfin la part des ressources de l'hôpital ou de
l'hospice, destinée antérieurement au vote de la loi à
procurer le traitement à domicile à des malades pauvres. Ce dernier paragraphe demande quelques explications.

L'article 17 de la loi du 7 août 1851 avait décidé que
la commission pourrait convertir une partie des revenus
attribués aux hospices, mais seulement jusqu'à concurrence d'un cinquième en seceurs à domicile annuels
en en faveur des vieillards ou infirmes placés dans
leurs familles. L'art. 7 de la loi développant le principe avait porté la quotité au quart ; « la commission
pourrait, disait la loi, de concert avec les bureaux
de bienfaisance, assister à domicile les malades indigents. » On avait ainsi essayé de remédier au régime,
qui scinde le traitement des malades en deux services,
ayant chacun son personnel médical indépendant et son
administration distincte. De plus, le traitement à domicile, pour les cas peu graves, soulage le budgel des hospices, et il était juste, que ceux-ci y contribuassent. La
loi nouvelle n'a rien changé au principe, mais désormais
le contingent sera versé au budget de l'assistance médicale, c'est-à-dire au budget communal.

Ces ressources épuisées, il faut traiter des recettes

nouvellement ordonnées et obligatoires. Les charges vont dès lors se répartir entre l'État, les départements et les communes. Dans quelle proportion vont-elles se répartir ? La question n'a pas, avec raison, été résolue *à priori* par la loi nouvelle, et la proportion varie suivant le degré de richesse des communes et des départements. Il a paru au législateur que le meilleur procédé était de prendre pour étalon la valeur du centime départemental par kilomètre carré, et la valeur du centime communal. Nous remarquons que, pour le département, le calcul est, on ne sait pour quel motif, plus compliqué que pour la commune, et M. Brincard, dans la discussion, avait peut-être raison de dire : « Je ne comprends pas bien, je l'avoue, l'État donnant un secours calculé à raison de la valeur du centime *par kilomètre carré*. Je le comprends d'autant moins que lorsqu'il s'est agi de déterminer l'importance des secours que les départements doivent donner aux communes, on s'est bien gardé d'introduire dans le calcul ce facteur, que je trouve étrange du kilomètre carré ». Une fois, la valeur du centime fixé, la subvention est déterminée par les deux barêmes annexés à la loi. Il reste la participation de la commune : cette participation doit être égale à la différence entre la somme nécessaire à l'assistance médicale. et les chiffres additionnées des ressources spéciales et des subventions.

La somme à voter par le conseil municipal est donc mathématiquement déterminée et il pourra établir des centimes spéciaux et des taxes d'octroi, si son budget ordinaire ne suffit pas à couvrir la dépense. Il y a du

reste tout intérêt (ceci est un point de vue malheureux)
à se grever ainsi, en ne cherchant point à faire des économies, car l'interprétation administrative statue de la
manière suivante : « Le concours financier départemental
est réservé exclusivement aux communes qui auront été
obligées, pour faire face à leurs dépenses d'assistance
médicale, de recourir à des centimes additionnels spéciaux et à des taxes d'octroi.

En terminant, disons que, pour alléger tant soit peu le
budget des communes, on a imposé à l'État des dépenses *propres*, les dépenses d'administration et de surveillance. Remarquons que de plus l'Etat aura, comme
dépenses propres, celles des individus n'ayant pas de
domicile de secours, de même que le département paie
les soins donnés à ceux qui n'ont qu'un domicile départemental.

APPENDICE

ASSISTANCE MÉDICALE A PARIS.

A Paris, la loi du 16 juillet 1893 ne s'applique pas ;
c'est le décret du 12 août 1886 qui régit l'assistance médicale, et nous devons remarquer que Paris ne rentre
pas dans la catégorie des communes dont il est parlé
dans l'art. 35 de la loi nouvelle. Celle-ci n'a pas abrogé
la loi du 13 juillet 1849, et c'est en vertu de l'art. 8 de
cette loi, que le gouvernement a organisé, en 1886, le
service d'assistance médicale de la capitale, comme les
autres services d'assistance. Il en résulte, qu'à la différence de ce qui se passe ailleurs, ces diverses branches
forment un tout, régi par des règles uniformes, et dont
les diverses parties, au point de vue de la gestion, sont
réunies dans les mêmes mains. Tous les secours sont
distribués par l'administration unique de l'assistance
publique, et la réforme, que tout le monde souhaite de
voir s'accomplir, est à Paris réalisée. Les ressources
sont centralisées et par là même mieux réparties, le
budget est un, comme le service. Nous n'avons donc
qu'à nous occuper des secours médicaux à domicile, et
du système de nomination des médecins.

L'assistance médicale est donnée aux pauvres des bureaux de bienfaisance sous deux formes : soit sur place,

à des jours et heures déterminés, dans des salles de consultations spéciales, soit au domicile des malades. Les soins donnés dans des salles de consultation sont la règle ; ceux donnés à domicile forment l'exception. Dans les salles de consultation, un personnel existe, qui aide les médecins et exécute leurs prescriptions, et dans chaque maison de secours est installée une pharmacie. La légalité de ces pharmacies ayant été contestée, on a restreint leur débit ; elles ne fournissent plus que les tisanes ou les médicaments simples, et pour le reste, on a recours aux pharmaciens de la ville, désignés à cet effet par le bureau de bienfaisance. C'est le médecin qui, dans son ordonance, détermine où il faudra s'adresser pour le médicament, et ce n'est qu'en cas d'urgence qu'il peut décider qu'il sera donné par le premier pharmacien auquel s'adressera l'indigent. Les soins à domicile sont accordés provisoirement sur simple demande, on transmet cette demande à la commission dite du service médical, formée dans chaque arrondissement du président de la commission, d'un administrateur et d'un médecin désignés par la commission, et du secrétaire trésorier. C'est elle qui, se réunissant chaque semaine, décide si l'assistance médicale doit être continuée ou maintenue. Il y n'a donc pas à Paris une liste fixe, refaite tous les ans et révisée tous les trimestres.

Une autre différence avec la législation des autres communes concerne la nomination du personnel médical. La législation, sur ce point, a varié. L'art. 28 de l'ord. du 24 septembre 1831 exige le diplôme de docteur, et les nominations sont faites par le préfet sur des

listes triples formées par les bureaux de bienfaisance.
La loi de 1849, dans son art. 7, avait prescrit la nomination au concours ou par l'élection de leurs confrères.
Elle ne fut pas observée sur ce point. Les règlements
de 1853 et de 1860 maintiennent le système de 1839.
Par un arrêté du 20 février 1879, enfin, M. Hérold, préfet de la Seine, soumit à l'élection de leurs confrères la
nomination des médecins des bureaux de bienfaisance.
La réforme ne réussit pas, et l'indifféreuce du corps
électoral pouvait donner lieu aux plus grands abus. Le
règlement de 1886 adopte le cencours, en laissant au
ministre de l'intérieur le soin d'en régler les formes par
un arrêté. Toutefois, au cas où, par suite de l'absence
des concurrents ou de l'insuffisance des épreuves, cons_
tatée par un rapport motivé du jury d'examen, le concours ne donnerait pas de résultat, il serait pourvu aux
emplois vacants par le ministre de l'intérieur, sur la
proposition des commissions administratives. L'arrêté
du 25 février 1883 a organisé le concours. Il comprend
une épreuve de diagnostic suivie d'une ordonnance
écrite en formule, une consultation écrite sur la con-
duite à tenir dans un cas de pratique obstétricale ; le
jury est composé de quatre médecins des bureaux de
bienfaisance, ayant au moins dix années de fonctions, et
d'un délégué de l'administration centrale. Pour finir, un
mot sur les sages-femmes : elles sont nommées pour
trois ans par le directeur de l'Assistance publique, révo-
quées de même, doivent être de *première classe*, et ré-
sider dans l'arrondissement.

CONCLUSION

De tout ce qui précède, de l'étude que nous avons faite
des secours à domicile en général, et des secours médicaux en particulier, il résulte qu'en cette matière si importante bien des réformes sont à faire : mais, en terminant qu'on nous permette d'insister sur deux idées qui
semblent les premières à adopter. Et d'abord, pour chaque commune, il faut réunir dans les mêmes mains les
divers services d'assistance. Cette concentration, nécessaire pour la bonne distribution des secours et la suppression des abus, doit se compléter par des mesures de
décentralisation, qui donneront à la nouvelle administration des pouvoirs plus importants qu'à nos commissions administratives actuelles ; ces mesures allègeront
le poids de la tutelle, briseront les liens qui entravent
l'initiative des pouvoirs locaux et stimuleront ainsi leur
activité et leur zèle. En second lieu, la formation d'un
fonds de secours nous paraît seule capable de résoudre
l'objection financière ; cette innovation pourrait être le
prélude d'une organisation cantonale de l'assistance, et
la première phase d'une réforme s'étendant aux autres
branches de l'administration.

Depuis un mois, est nommée une commission de décentralisation, chargée d'étudier les modifications indis-

pensables. Devant elle se posera le problème de l'assistance locale, et nous espérons qu'elle le résoudra au
mieux des intérêts des pauvres et de la société. C'est sur
cet espoir que nous terminons.

BIBLIOTHÈQUE NATIONALE
R.F.
IMPRIMÉS

Laval. — Imprimerie et stéréotypie E. Jamin.

www.ingramcontent.com/pod-product-compliance
Lightning Source LLC
LaVergne TN
LVHW021154050726
842519LV00002B/617